最後に思わず
YESと言わせる
最強の交渉術

かけひきで絶対負けない実戦テクニック72

弁護士
橋下 徹

日本文芸社

はじめに◎相手を思い通りに動かす実戦的テクニック

世の中に紛争・もめごとの種は尽きない。これは、日々さまざまな示談交渉の現場に携わっている私の実感だ。

示談とは、裁判による紛争解決とは大きく性質の異なるものだ。裁判では、両者の言い分に対し、第三者である裁判官がジャッジを下すものであるが、そこにおいては、両者の合意や納得などは必要とされていない。裁判に負けたほうは、当然、不満も残るだろう。

しかし、示談においては、互いの合意がないかぎり話はまとまらない。どんなに両者が対立していようとも、最後は合意のところまで当事者間でもっていかなければならない。まさに、紛争を解決していくための交渉の場といえる。

それも、複雑な事情により長年こじれている案件や、両者の間に激しい感情的対立が生じているような案件などが多く、交渉としては難易度の高いものといえるだろう。

一般的な弁護士の立場からみたら、実はこの示談交渉ほどめんどうなものはない。法廷闘争とは違った、生身の人間を相手とする交渉能力を、一般的な弁護士たちは持ち合わせていないからだ。そのため、こじれた案件であればあるほど、めんどうな当事者間の交渉を避け、裁判の手続きを選んでしまうことも多い。

しかし、私は違う。依頼者が望むのであれば、どんな厳しい交渉も請け負っている。もっと言ってしまえば、私に持ち込まれる案件は、他の弁護士がさじを投げたような、こじれにこじれたものばかりと言ってもいいだろう。

「殺すぞ！　おら！」と威嚇してくるようなヤクザや、紛争解決をウラ稼業とする〝事件屋〟、〝示談屋〟といったような、百戦錬磨の連中たちが相手となることも多い。そういった海千山千の交渉のプロたちと渡り合って、話し合いを有利にもっていくのが私の役目なのだ。

示談交渉の現場では、相手を選ぶことなどできない。さまざまな立場、年齢の人たちとこれまでに対峙《たいじ》してきた。貸金業のおやじ、理論家肌のエリートサラリーマン、援助交際まがいの女子高生……などなど書き出したらきりがない。いずれも、ひと癖もふた癖もある人たちだ。

本書は、そんなさまざまな交渉において、私自身が実践し、体得してきたノウハウをみなさんにご紹介するものだ。

相手を思い通りに動かすかけひき論、約束を反故《ほご》にし、相手を言いくるめていくレトリック、自分のペースに引き込む話術のポイント、ピンチを切り抜ける切り返し術などさまざまな方法論をこれから具体的に説いていく。これらは、巷間耳にする心理学者や大学の先生方が書かれている交渉論とは一線を画す、より実戦的な交渉術であると自負している。

実際の交渉では、机上の交渉理論をいくら持ち出しても、まったく役に立つことはない。私が携わる示談交渉の仕事とは、相手がどんな手ごわい人間であったとしても、依頼人の意向を汲《く》んで、こちらに有利な条件で交渉をまとめあげることである。そのためには、黒を白と言わせるような、さまざまなレトリックも使っていく。まさに、詭弁を弄してでも相手を説得していくのである。場合によっては、〝言い訳〟や〝うそ〟もありだ。

そうやって相手を丸め込み、相手を動かしていく。まさにそれが、交渉なのだ。私がこの本で説く、交渉論の核心もそこにある。

本書が、ビジネスはもちろん、日常のさまざまな交渉ごとにおいて、読者のみなさんのヒントとなれば幸いである。

弁護士　橋下徹

最後に思わずＹＥＳと言わせる　最強の交渉術◉目次

第1章
「脅し」と「利益」絶対負けない〝かけひき〟術

かわす、攻める、追いつめる……レトリックで攻防を制するセオリー

目次

第2章

まんまと相手を言いくるめる逆転の交渉術

ありえない比喩、立場の入れ替え……相手を錯覚に陥れる詭弁の極意

第3章 相手を思い通りに動かす戦術論
後手必勝、窓口の一本化、交渉場所設定……術中にはめる交渉鉄則

第4章 自分の土俵に引きずり込む話術のポイント

言い訳、うそ、責任転嫁……攻撃をかわし、相手をたたみ込んでいく実戦論

第5章　ピンチを切り抜ける切り札の一手

担当者の交代、データの利用……交渉の流れを変える突破術

◉カバーデザイン　若林繁裕
◉編集協力　有限会社オフィスマツオ

第1章

「脅し」と「利益」絶対負けない“かけひき”術

かわす、攻める、追いつめる……
レトリックで攻防を制するセオリー

◎人を動かす三つの法則……利益を与える

レトリックによる〝仮装の利益〟を駆使して
相手とのかけひきを制する

交渉において相手を思い通りに動かし、説得していくには、はっきり言って三通りの方法しかない。それは、〝合法的に脅す〟〝利益を与える〟〝ひたすらお願いする〟の三つだ。そのなかでも、最も有効なのが〝利益を与える〟である。

この場合の利益には二通りある。一つは文字通り相手方の利益。もう一つは、実際には存在しないレトリックによる利益だ。言い換えれば、不利益を回避できることによって生じる〝実在しない利益〟とも言える。実際の交渉の場では、後者の利益を強調しながら相手を動かすことが重要だ。

「今回の交渉で私たちの主張にのってもらえなければ、これだけのデメリットがありますよ」

と相手方に提案する。直接的なメリットはなくても、デメリットを回避できることで相手方にはプラスになる。そんなレトリックを駆使した、〝仮装の利益〟〝架空の利益〟を与えるわけだ。

ここで、現実にあり得る事例に沿って考えてみることにしよう。

たとえば、交渉を行なう日時。こちら側の考える日程で交渉を行なえれば、それだけで十分に相手方に対するアドバンテージになる。だが、それは相手方も同じこと。どう考えても、相手方がこちらの望む交渉日程に合わせることのメリットはない。では、どうすればば自分の思う日時で交渉を行なうことができるのだろうか。

ここで相手方に現実的な利益を与えられれば、話は簡単である。

「私どもの設定するスケジュールで交渉していただけるのでしたら、解決金に○万円上乗せしても構いません」

〝上乗せ〟という現実的な利益を与える方法である。こんなふうに提示できれば、相手方も興味を示すだろう。非常にリアルな利益である。だが、これではこちらの腹が痛む。豊富な軍資金があればいいが、そんなことは滅多にない。できることなら、腹を痛めずに利益を手渡したい。

そこで仮装の利益の出番である。こちらが通したい主張を相手方に提示し、これに従わないことで生じるであろう不利益を強調する。こちら側の主張に従えば、その不利益は消えるわけだから、相手方は相対的には利益を得ることになるわけだ。たとえば、相手方にこう持ちかけてはどうだろうか。

「今回、できたら、私どもの考えるスケジュールで、〇日の午後〇時に弊社の会議室でお話し合いをさせていただきたいんですけども」

「なんで御社のおかげで迷惑を被っている弊社の社員が、わざわざそちらの都合に合わせなくてはならないんですか？」

「やはり無理でしょうか？」

「当たり前でしょう。本来なら、あなた方が手みやげでも持って、こちらに来るのが筋じゃないですか」

「うーん、私どもが御社のお考えになる日程で動くことは一向に構わないのですが、〇日が無理だということになると……」

「なんか不都合でもあるんですか？」

「ええ。これは大変申し訳ないんですが、〇日以降は、私どもの決算期との兼ね合いで、スケジュール調整が難しくなってしまいます。来月にずれこんでしまいます」

「それは困る。こちらとしては早く解決して、取引をまた開始したいんだ」

「それはこちらも同じです。私どもとしても、この交渉を早急に解決しまして、少しでも早く御社と以前のようにおつき合いいたしたいと考えているわけです。スケジュールの点だけでも、こちらに合わせていただけませんかね」

「うーん、そういうことなら仕方ないですね。はかってみることにしましょう」

ここでのこちら側の要求は〝こちらのスケジュールで交渉に応じてください〟ということ。それに従わないことによるデメリットは〝解決が延び、取引がストップする〟。でも、要求に従って交渉に応じてもらえれば、その心配はなくなる。めでたしめでたしというわけだ。

この経過をよくみてみると、かなり無理のある話であることがわかる。こちらの一方的な都合で交渉の日程が延びるのだから、その点を突かれると苦しい。そこで仮装のメリットづくりでは、次の二点に注意する。

①　相手方が納得する大義名分を持ち出す

ここでは〝決算期との兼ね合い〟がこれに当たる。相手方としては、同じ企業人として、決算という重要なものを持ち出されると、スケジュールの遅れに反論できなくなる。

ここで、

「私の妻の親戚が結婚するんです。やっぱり式には出ないとまずいものですから」

「私が担当しているのは、あなた方との交渉一件だけじゃないんですから」

「恒例の社員旅行で○○温泉に二泊三日で出かけるもので」

といった理由を挙げてもダメ。お互いの共通認識によらない、自分勝手な都合では相手が納得してくれないからだ。

② 相手方が本当に望んでいることを素早く察知する

ここでは〝問題の早期解決と取引の再開〟がこれに当たる。相手方が交渉をするうえで何を本当に望んでいるかをできるだけ早く察知し、そこに照準を絞る。従って、相手方が早期解決や取引再開にまったく固執していないような場合は、事例とはまったく違う説得を考えなければならない。

たとえば、〝取引はもう金輪際しない。解決には時間の猶予をみてもいい。ただし、とにかく謝罪に来てほしい〟ということが相手方の主眼ということもある。ただ単に謝罪を要求しているだけの相手方に、いくら解決を早くする、取引を再開すると言っても、応じてこない。相手方が望んでいるものが何かを読むテクニックが、交渉担当者には要求される。とはいっても、交渉の多くは金銭がからむドライなものだ。謝罪を要求してくるケースはまれである。謝罪要求の相手方とは、いたずらに関係を悪化させないことだ。なぜならお金をめぐる問題ならば、多少のバトルがあっても、最終的に折り合うことは可能。だが、謝罪を要求しているケースでは、交渉の過程でもめればもめるほど問題が複雑になってしまうからだ。

◎相手を納得させる譲歩の演出

こちらの譲歩とそれにともなう苦労は、徹底的に強調し、演出していく

相手方に利益を与えるということはこちらの譲歩である。ここでは譲歩の示し方が非常に重要だ。本当はこちらにとって、譲歩には当たらないような些細なことであっても、さも大きな譲歩であるように仕立て上げる。なぜならこちらの譲歩を強調することで、相手方の得る利益が大きいものであると錯覚させることができるからだ。これも交渉の技術。相手方に自分の譲歩をより強調して、わかりやすく伝える方法を考え抜く必要がある。

たとえば、機械メーカーA社が、食品メーカーB社の工場に機械を売りたい場合。A社は三〇〇万円で売りたいが、B社はなかなか了解しようとしない。そこでA社は、購入後

の機械のメンテナンスサービスを請け負うとB社に提示したとしよう。これは、三〇〇万円という価格をB社に認めさせるための、A社の譲歩である。

ここでただ、

「三〇〇万円で買っていただけたら、メンテナンスサービスをお付けします」

と言っても、効果は少ない。

「三〇〇万円で買っていただけたら、特別に、メンテナンスサービスをお付けします。このようなサービスは、他社さんにも一切しておりません。御社だけです。そもそも小社には、メンテナンス専門の部署もございませんから、御社のメンテナンスの際は、日ごろは開発部門にいる技術者を特別に派遣するよう、なんとか手配をいたします」

こんなふうにこちらの譲歩と、それにともなう苦労を強調することが重要だ。

また金銭交渉などでも、このような強調は常套手段。交渉が進んで、最終的に金額の話になってくる。たとえば、メーカーが流通に対して新商品の定価を提示するのに、

「新商品〇〇の定価を△円にするという結論を当社が出すにあたっては、首都圏の消費者〇千人にアンケートを行ないました。結果の分析は専門のシンクタンクに依頼。A4判で二〇〇ページの報告書を出してもらい、社内で一週間をかけてあらゆる角度から検討しま

した。この席に着くギリギリまで粘っていたため、弊社の営業、開発関係の社員全員で二日間徹夜です」

同じ△円という定価であっても、

「大変な手続きや苦労、コストをかけて決まりました」

と強調する。もちろん、本当にそのとおりにやったかは別である。相手方に与えるインパクトが、ただ機械的に数字を出すのとはまったく違ってくる。

相手方にメリットを与えるに当たっては、こちら側の苦労の部分を強調する。それによってこちら側にとってはたいした譲歩でなくとも相手方が得る利益は大きなものであると思わせることができる。その演出にタフネゴシエーターは腕をふるっている。詐欺にならない程度に、ではあるが。

◎最初の接触で勝負が決まる

まずは、ていねいな対応、気遣いのあいさつで相手の機先を制し、沈静化を伺う

ラグビーで試合のいちばん最初に組むスクラムを、ファーストコンタクトという。これ

によってその日の試合の流れが決定づけられる重要なものだ。

交渉とは、まず何よりも人間と人間のぶつかり合いである。そこで非常に重要なのが、相手方との最初のぶつかり合い。つまり、ファーストコンタクトだ。この段階で相手方とどのように接触するかで、その後の交渉の行方が大きく左右される。

ファーストコンタクトの際に重要なのがあいさつだ。これで相手方の機先を制してしまう。こじれた案件であればあるほど、こちら側はあくまでもていねいに対応する。たとえば、相手方が多忙な役職にある人であれば、

「お忙しいところ、お時間をとっていただいてありがとうございます」

病後であれば、

「お加減はいかがですか?」

といったあいさつで出鼻をくじく。

相手方は、これからハードな交渉がはじまると身構えていることが多い。大バトルになるかもしれないと緊張しているわけだ。そこでこちらとしては感謝の念を口にしたり、相手に対する気遣いを見せたりする。

この先制攻撃が功を奏することもある。

「あんたねえ、いい加減にしてよ。電話でも言ったけど、総務部長が出てこないというんだったら、俺は何も話すことはない。クレームの話はそれからにさせてもらう。今日のところはお帰りいただこうか（以下、三分ほど文句が続く）」

「お話は承りました。ところで、お身体のお加減はいかがですか」

「ああ？ それはまあ、大丈夫だけど……」

こういうパターンは実際によくある。それまで烈火のごとく怒っていた人でも、飛びかかってきそうな勢いだった人でも、ていねいなあいさつの言葉をかけられると、意外に沈静化するものだ。

もちろん、そういったあいさつの言葉などおかまいなしに、ボルテージが上がりっぱなしという人もいる。なかには、かかってきた電話を途中で切ったり、電話口で怒鳴りまくったりと、不快な思いをさせられる場合もある。しかし、そんなときもいったんは我慢するのが得策だ。

詳しくは後述するが、ファーストコンタクトのいちばんの目的は、相手にしゃべらせて、不満の本質をつかむことだからだ。

◎ファーストコンタクトの油断が墓穴を掘る

相手方がどんな人であっても、ファーストコンタクトのときの姿勢を変えてはいけない

また、ファーストコンタクトに至るまでの相手方の対応に明らかに非があったとしても、最初からそれを指摘して責めるのはよくない。

「先日お電話でご指摘のあった○○の件ですが、××工業さんに確認しましたところ、どうもおっしゃられるような事実はないようでして。どういうことなんでしょうか。今後もこういった態度があらたまらないようでしたら、弁護士と相談して法的手段も検討させていただくかもしれません」

「なんだと、俺は客だぞ。××工業が賠償できないのなら、元請けのあんたの会社が対応したらいいだけのことじゃないか」

いたずらに相手方の態度を硬化させるだけだ。出だしからこうでは先が思いやられる。

ファーストコンタクトの〝初めの一歩〟は、気遣いの心であいさつからスタートする。これが大基本。

そしてこれは、相手方がアルバイトの学生であろうが、企業経営者であろうが変わらない。相手が若者だからとか、年寄りだからとか、押しが弱そうだ、おとなしそうだ、といったイメージで対応を変えると交渉序盤で墓穴を掘ることにもなりかねない。これは油断以外のなにものでもない。事実、このような組みし易いと見える人に、意外に手ごわい人がいるものだ。

その意味からもファーストコンタクトは、相手がどんな人であれ、不変の姿勢で迎えることが基本である。

◎指摘されるまで謝罪はけっしてするな

こちら側の非についての話から交渉をスタートさせることは絶対避ける

交渉のファーストコンタクトでいきなり謝罪から入るのは厳禁。

「お忙しいところ、お時間をいただいて申し訳ありません」

といった一般的な辞令であれば構わない。問題なのは、交渉がスタートした時点でこちら側にすでに多くの非がある場合だ。

たとえば、自社の落ち度で納品した商品に欠陥品が入っていたというようなケース。言ってみれば、相手方は被害者であり、こちら側は加害者である。

ここでバカ正直に、こちら側の非をいちいち謝ってしまうと、ポジショニングで完全に劣勢に立たされることになる。こちら側の非についての話から交渉をスタートさせるのは絶対に不利なのだ。

「このたびはいろいろと行き届かない点がありまして、申し訳ございませんでした」

「謝って済む問題か。あんた、あのときは『〇万円で大丈夫だ』って言ってたじゃないか」

ここから一方的に攻められることになる。

心の中には申し訳ないという気持ちがもちろんある。だが、それはそれとして相手と向き合わなければならない。

交渉の席では、自分に不利なことにはなるべく触れないことだ。無論、相手方に不利な点を指摘されて、うそをついてまで隠蔽するのは論外。だが、相手方に聞かれてもいないのに自分から不利な話をする必要もないのだ。むしろそんな問題など初めからなかったかのような顔をして、話を始めるほうがベターと言える。

例に挙げたように時間をとってくれたことの礼を述べるくらいで、さっさと中身に入っていく。まずは相手方の要求・主張を聞くところからスタートすればいい。

相手方はファーストコンタクトまでに不満がたまりにたまっていることだろう。その不満をガス抜きできる効果がある。何より相手方に言いたいことを言わせて、相手方の要求が明確になればなるほど、こちらが主導権を握ることができる。これについては別項で詳しく触れる。

◎交渉をまとめる基本は二者択一の姿勢

グレーゾーンを残したまま交渉に臨むことは、交渉を長引かせ、こじれさせるもと

長期化した交渉、こじれにこじれた紛争。これらをみていくと、ある一つの共通点が浮かび上がってくる。それらはどれも、交渉担当者が二者択一の姿勢を見失っている場合がほとんどなのだ。

交渉における自分の主張とは、譲歩できるものと、絶対できないものの、二つに一つしかないということだ。言い換えれば、事前に自分の主張をその二種類に分別し、交渉に臨

む必要がある。

これは、交渉に勝つ基本中の基本であるにもかかわらず、世の多くの人たちが実践していないことかもしれない。

よくありがちな離婚調停を例に説明してみよう。

ある男性が奥さんと別れたくて、私のもとへ離婚調停の依頼にきたケース。夫の主張は、どうしても妻と別れたい。しかし、妻は絶対別れたくない。ここで、問題をこじれさせていたのは、夫はさらに、できることなら子供も養育したいと主張していたことだ。

交渉過程で重要なのは、物々交換の精神だ。一つ相手が譲歩して、こちらの主張が通れば、こちらも一つ譲歩し、相手の主張を受け入れる。二つなら二つ。三つなら三つと、互いに平等に利益を得ていくのである。とても原始的に感じるかもしれないが、こんな公平観が交渉をまとめるにあたって欠かせない。

その法則からみると、この夫の主張はなんとも都合のいいものだ。だいたい離婚調停にもちこまれるほど、妻は別れたくないと主張しているのである。そんな相手に子供までよこせと言って、認めるはずもない。夫は離婚を認めてもらうかわりに、子供の養育では譲歩し、妻に譲らないかぎりこの話はまとまらないはずだ。

確かに夫にも夫の言い分があるだろう。妻に非があって、こんなにも自分は苦労もし、我慢もした。一方的に自分が被害者であり、これくらいの要求は妥当なものだという思いもあるかもしれない。

しかし、これはあくまでも夫の事情にしかすぎない。そんな自分の主張の妥当性にとらわれるぐらいであれば、法の裁きに訴えればいいだけだ。ここは、お互いの合意で成り立つ〝交渉〟という場なのだ。

離婚と子供、どちらがいちばんの主張かといえば、離婚なのだ。このケースで言えば、夫は子供はあきらめ、離婚を取る決断をしなければならない。

いま述べたのは、非常に単純な例ではあるが、この二者択一の法則はビジネスも含めたどんな交渉にもあてはまるものだ。物々交換の基本にのっとって、自分の主張を絞り込んでいく。どうしても通したい主張と、譲歩できる主張に明確に区別する必要がある。

できることならこの主張も通したい、交渉の流れのなかで判断しよう、そんなグレーゾーンを持ったままで交渉に臨むことだけは避けたい。それが交渉をこじらせ、長期化させる原因にもなるのだ。

◎力関係が決まる初対面の戦いは受けて立て

恫喝系、強面系の相手と交渉するときは、初対面で今後の交渉の流れが決まってしまう

交渉の基本は、非常に原始的ではあるが物々交換であるとはすでに述べた。

だが、味方と相手方の力関係によって、この交換のレートは微妙に変わってくる。普通なら、レートは五分五分だ。お互いの関係が対等の場合はこうなる。こちらが一〇の主張を通そうと思ったら、同じ一〇の譲歩を作り出さなければならない。

ところが、このポジショニングで劣勢に立たされている場合は、レートが四分六、あるいはもっと不利になることもある。

一〇の主張を通したいがために、相手方に三〇も譲歩をしなければならないことも出てくる。石ころ一個をもらうために、金塊を積まなければならないのでは大変な交渉になってしまう。

私はこのお互いの力関係を決定づける、相手方との最初の対面を非常に重視している。

これは、どちらが〝上〟で、どちらが〝下〟かの位置取りの戦いに発展するケースもある

からだ。

だからといって、虚勢を張れということでもない。こちらが上の立場に立てということでもない。互いの関係はフィフティフィフティで十分だ。ポジショニングはあくまでも公平。相手方にもそれで納得してもらう。あとは実際の交渉に入ってから、いかにうまく相手の譲歩を引き出すかを考えるほうがいい。

いちばん気をつけなければならないことは、こちらがけっして下になってはいけないということだ。恫喝系、強面系の交渉者の場合は、初対面時からこちらを威圧してくるケースが多い。激しい言葉が飛び交うことも珍しくはない。この手のタイプの人たちは、経験的に自分の勝ちパターンを心得ていて、初手から一気に自分を優位に立たせ、これからの交渉を支配しようとしているのだ。

確かに交渉相手のなかには、会う以前に不満や怒りがたまりにたまっていて、会った瞬間に爆発、一気に怒声をあびせかけてくる人もいる。これは当然のことでもあるので、こちらとしては基本的に最初はていねいな対応、気遣いの言葉で相手の沈静化を待つ。しかしそれでもおさまらず、相手方の怒声がさらに増長するようであったり、その案件以外の私個人への攻撃や、こちらを見下したような態度が見え隠れし出したら、これは、徹底的に受けて立つしかない。

　ここではなんとしても相手方に、私が下ではないことをわからせる必要がある。この段階においては、論理も何もあったものではない。もともと相手も論理などクソ食らえで、怒鳴り散らしている場合がほとんどだからだ。よくあるケースだが、

「お前、バカか！」

　などと怒鳴られたら、けっして黙ってやりすごしたりしてはいけない。

　この手のやり取りになったら、沈黙したら負けだ。相手が大声なら、それと同じくらい大きな声でこちらも切り返す。

「バカとはなんだ！　初対面の人間に対して失礼じゃないか、だいたいあなたにお前なんて言われる筋合いはない。撤回しろ！」

　このようなののしり合いにも似た状況を経て、ようやく五分五分の関係が確立していく。そして最後には、

「こんな無益な話をしてたって意味ないでしょ。早く解決しましょう」

　と、交渉をはじめることができるのだ。非常に骨の折れる作業ではあるが、ある種のタイプの人間と交渉するときは避けては通れないステップなのだ。

ビジネスの場面でも、威圧的な人が相手の場合は、初対面から十分注意する必要がある。こちらを見下したような発言や、ものの言い方は見過ごしてはならない。相手が大声なら同じくらい大声で返す。そして沈黙だけは避ける。そうやって、対等の位置を確保しなければならない。

◎交渉に勝つ〝聞く技術〟

相手の言葉を自分の言葉に置き換えながら聞くことで、相手の主張の本質がみえる

交渉の最初の段階では、まず、相手の言い分を聞くことが重要だ。どんなに一方的な主張を相手がしたとしても、こちらの言いたいことはいったん腹におさめて、相手に話をさせる。相手方に話をさせるということは、相手方のガス抜きにもつながる。欲求不満を解消する効果があるのだ。

ただし、ただ「ふんふん」と聞いているだけではダメだ。交渉にはそれなりの、〝聞くテクニック〟が必要だ。相手方の言った内容をその場で確認しながら、自分の言葉に置き換えていく作業だ。たとえば、

「今の『報告書』というお話ですが、これは『営業部の研修報告書』という意味でいいですね」

「お話のなかで出た『事業所』は、この場合、『御社の関西管区にある全事業所』ということでおっしゃったわけですね」

「表内の『採用者数』という数字ですが、『○年度の新卒・中途を含めた全採用者数』を指すと理解すればいいですか」

という具合だ。なぜこんな煩雑な作業が必要なのか。相手方と話したときに、最も陥りやすい失敗を防ぐためである。それは相手の言い逃れや、互いの思い違いだ。

「あのとき○○と言ったのは、××という意味だったのに」

といった言い逃れや、意味の取り違えはよくあることだ。これがあちこちで起きているようだと、双方の主張がいつまでたってもかみ合わないということになる。

特に、業種が違う者同士や、企業文化がまったく違う者同士での交渉の際は注意が必要になる。交渉で使う言葉は、常に具体性・個別性・限定性のなかに落とし込んでいくことだ。

相手方の話を一まとまりごとに、要約するなり、相手に問いかけるなりして、自分の言葉に置き換える。相手の言い分、特に主張したいこと、不満の本質は何かをはっきりさせることだ。

相手方の話を自分の言葉に置き換えることは、自分の理解度をはかる指標にもなる。的確な言葉に置き換えができないようなら、相手方の言い分を正確に理解できていない証拠だ。ここではけっして妥協しないこと。言葉のキャッチボールを丹念に続けることで、あとになって効果が現れる。

たとえば、工場の機械のメンテナンス関係で、どうしても納期に間に合いそうにないとき。相手方の言い分には、こういうものがよくある。

「なんなんだ、あの電話に出た社員の態度は。あきれたね。迷惑をかけてるのはそっちなのに、立場がわかってないいんじゃないか」

こういう発言こそ言葉の置き換えが必要。

「はい、お話はよくわかります。ですが、それは納期遅れの問題とは関係ないですよね。私どもの社員の対応の仕方に問題があった、ということでいいですか？　弊社へのクレームですね？」

「うん？　そうだよ。クレームだ」

交渉の立ち上がりの時点では、相手方の言い分は、まったく整理されていないことがほとんど。怒っているのは確かだが、その怒りは相手方の会社の担当者に対するもの、工場の責任者に対するもの、交渉相手に対するもの、自社の担当者に対するもの、自分自身に対するものなど、すべてひっくるめてないまぜになっている。これを解きほぐす作業が必要。相手方の言い分を、いちいち、

「それは○○ということなんですね」

「××ということですね」

と置き換えていく作業を淡々と積み重ねていくことになる。

このような〝聞く〟作業を通して、相手の不満や主張の本質を見抜くことが、スタート段階ではいちばん大切だ。

◎相手の主張はすべて二種類に分類する

相手の要求を、絶対譲歩しないもの（主張）と譲歩可能なもの（譲歩）の二種類に分類

さて、相手の言い分、主張を具体的に聞き出したら、今度はそれらを、相手方の絶対主

張を通したいもの（「主張」）と譲歩も可能なもの（「譲歩」）の二種類に分類していく。相手がこれは引かない、これは引いてくるという二者択一を、一つひとつの主張について、相手に確認しながら決めていくのだ。

二者択一は交渉のキーワードの一つだ。自らの主張も二者択一で整理すべきことは前にも述べた。これと同じことを相手の主張に対しても行なう。この作業を経ることによって、相手の不満の本質と要求が明確になり、交渉の全体像がクリアになってくる。ここまできて、やっとこちら側はさまざまな戦術を組み立てていくことが可能になるのだ。

しかしこの二者択一の選択は、はっきり言って非常に難しい。考えてみれば当たり前のことだが、相手方が自らすすんで、「この点についてはここまでなら譲れます」などと教えてくれることはないからだ。そんなことを言ってくれるようなら、交渉は簡単に終わってしまう。

相手方は初めからすべての主張を通すつもりで交渉に臨んでくる。そんな相手方の話を聞きながら、洞察力を駆使して相手方にとって〝譲れないもの〟〝譲ってもいいもの〟にこちら側が整理するのだ。

この整理をうまくこなすためには、ある種の誘導が必要である。

「そちらが支払い金額の面で妥協の余地があるということなら、こちらもそれに応じた対応をさせていただく用意はあります。どんなもんですかね？」

こちらの譲歩の姿勢を小出しに示しながら、相手方の反応をみる。その繰り返しで真意を読みとっていくことだ。相手方の言い分の整理さえできてしまえば、あとの交渉は非常に楽だ。

このような整理作業によって、相手の主張の全体像をつかむことが、交渉の最大の山場であることを理解してほしい。

このような作業を抜きにして、いきなり各論からお互いの意見の応酬をはじめてしまっては、まとまるものもまとまらない。感情的な対立を生み、交渉を滞らさせてしまう可能性もある。じっくりと時間をかけ、相手の言い分を整理していく必要がある。

イメージとしては、大掃除に近いかもしれない。いるものといらないものを別々の段ボール箱に分けていくように、相手方の言い分を〝譲歩不可のもの〟と〝譲歩可能なもの〟にすべて分ける。ここでは中間地帯はない。すべて〝白〟か〝黒〟かで判断する。

さらに主張（譲歩不可のもの）と譲歩をそれぞれ〝核心〟と〝周辺〟に分ける。一本の木にたとえれば、核心は幹であり、周辺は枝葉である。

金銭交渉の例で言うと、ズバリお金の授受に関する主張・譲歩は核心に分類する。金額はいくらか、期日はいつか、一括か分割かなど、すべて重要な要素となる。金銭の授受以外のこと――たとえば、電話に出た社員の態度が悪い、交渉担当者に誠意がみられない、交渉の席で出されたお茶が熱すぎる――といった些末な問題はすべて周辺に入る。

一方、謝罪要求をめぐる交渉であれば、金銭に関しては些末な問題ということで処理。謝罪の部分で譲れるところ、譲れないところをいかに峻別《しゅんべつ》していくかが大事だ。

たとえば、相手方の要求が、

・責任者を連れてこい
・文書の提出
・新聞への謝罪広告掲載

のどれかではまったく話が違ってくる。この場合の謝罪は具体的にどういうことなのか。その点を相手方の話を聞きながら質していく。たとえば相手方が、

「とにかく、一度、担当役員の顔を見て話したい」

と言っているとする。

「では、文書での謝罪はいらないんですか？」

と重ねて聞く。そこで、

「いや、文書もいるんだ」

という人もいるかもしれないし、

「対面できるなら、文書まではいらない」

という人もいるだろう。とにかく謝罪をめぐる相手方の譲れるところと譲れないところを明らかにする。

最初は膨大に思えた相手方の要求も、こうして分類を始めると、収斂《しゅうれん》したり、圧縮できたりで、だんだんスリムになってくるはずだ。

やがて相手方の要求は主張（譲歩不可のもの）と譲歩、核心と周辺という四つのマトリックスを使って、すべて固められることになる。このうち、周辺については相手方との雑談のなかで、沈静化をはかっていく。

「ああ、そうですか？　気づきませんでした。すみません」

決定的なポイントになる項目＝核心以外で、ポーズとして謝ることはまったく問題ない。絞れるだけ絞れたら、作業終了ということになる。

◎交渉の初期段階で勝負は決まる

相手の言い分を具体的に聞き出し、主張と譲歩も可能なものに分類することが大切

相手の話を聞き、その言い分を整理していくという、交渉において非常に重要な初期段階をここまで説明してきた。ここでもう一度、わかりやすく整理してみよう。理解がしやすいよう、単純な事例をもとにみていく。

流通A社が来年度の新規学卒者を対象に会社案内のパンフレットを作成。印刷会社B社に発注したが、配布開始後に学生の指摘によって数カ所の誤字が発覚。A社がB社にクレームをつけてきたという場合。

まず、A社はB社に以下のような主張を突きつけてきた。

・A社が支払った印刷代金をB社が返還する
・トラブル発生の原因をB社が究明しA社に報告する
・B社は新たにパンフレットを印刷し直す
・法的手続きも辞さない

という4点だ。

ここではまず、B社がA社の言い分をより詳しく聞き出していくことからはじめる。いきなり各論から、相手の主張を論破して退けようとしてはならない。

交渉の初期段階では、相手方が感情的になっていることも多い。一歩も譲れないといったかたくなな態度であったとしても、その言い分は、

・どうしても通したいこと

・本当は譲っても構わないこと

・単なるクレーム

などのさまざまな要素が渾然一体となっており、相手自身も混乱していることが多い。B社の担当者は、A社の漠然とした言い分を具体化し、整理しながら聞き出していくことになる。相手方の話を聞きながら、まずは自分の言葉にすべて置き換えていくのだ。置き換えが可能ということは相手方の言葉を本当の意味で理解できているということ。あとで言葉のニュアンスの違いからもめないためにも、大事なプロセスと言える。

そして相手の言い分を聞きながらも、B社としては、こちら側の譲歩を小出しにしながらA社の主張の真意を探っていく。

「こちらとしては当然、金銭的な賠償に応じる用意もありますが、それでも法的手続きをおとりになるのですか?」

などと問いかけたら、

「いや、こちらだってそんなめんどうな訴訟沙汰にはしたくない」

と答えるかもしれない。

このようなやり取りを交えつつ真意を探りながら、相手の言い分を、主張と譲歩も可能なものの二つに分類し具体化していく。このプロセスを経て、たとえば以下のようなかたちにまで、相手の言い分をシンプルに整理する。

●A社の主張と譲歩可能なもの

主張 ○B社は印刷料金のうち一〇〇万円をA社に返還する
　　 ○B社はトラブル発生の経緯を文書化しA社に提出する

譲歩可○B社に再度印刷の必要はなし
　　 ○訴訟はしない

ここまでが交渉の最大の山場であると言っても過言ではない。逆に言えば、このプロセスに手まどる案件は、解決までに長い時間を要することが多い。

◎主張と譲歩の組み合わせによる交渉の基本パターン

表に書き出すことで交渉の全体像を相手と共有し、双方の主張と譲歩を検討する

相手方の言い分の整理が終われば、ここからがクライマックスだ。ここで初めて、こちら側の〝主張〟と〝譲歩可能なもの〟を相手方に提示する。

前述のケースで言えば、印刷会社B社の主張と譲歩可能なものは次の通りである。

●B社の主張と譲歩可能なもの

主張　○再度印刷はしない
　　　○訴訟でなく交渉で解決をはかりたい
譲歩可○印刷料金のうち五〇万円をA社に返還する
　　　○担当役員・部長がA社に出向き口頭で謝罪する

これで、両者の主張と譲歩可がすべて出そろったことになる。そうしたら今度は、それらを表にまとめ、視覚化していくことが重要だ。相手方にも一目瞭然となる。

なかには双方の項目数にあまりに大きな開きがある場合がある。こちら側の主張が一項

目なのに、相手の主張は一〇項目あるという場合だ。これをまとめるのは難しい。ただ、表にすれば相手方にも自分がいかに無理難題を押しつけているかということを理解してもらう一助になる。

このような表の助けも借りながら、相手方の主張と譲歩可、こちら側の主張と譲歩可の項目の数をそろえていく。こちらが相手の要求を三つのむのであれば、相手にも、こちらの要求を三つのんでもらう。こんな物々交換にのっとった公平感のもとに、交渉を進め、相手にも理解を求めていく。ただし、単純な要求の数合わせではない。要求の質も考慮したバランスが必要だ。

こちらの〝周辺〟部分の主張を相手方にのんでもらったからといって、相手方の〝核心〟部分の主張をこちらがのむ必要はない。まるで石ころをくれてやるから、ダイヤモンドをよこせというような相手方の要求は論外だ。

次に、こちら側の主張と相手方の譲歩可、相手方の主張とこちら側の譲歩可を組み合わせていく。

○相手の主張に対して

交渉のうえでお互いの主張に対する攻防は次の三つのパターンしかない。

① 完全にその主張をのむ

② 相手の主張に対し仮装の利益（譲歩）を与えて、主張を取り下げさせる（のんだように見せる）

③ 相手の主張の不当性を追求し論破する

○こちらの主張について

Ⓐ 相手方に現実的な利益を与えてこちらの主張を認めさせる

Ⓑ 相手方に仮装の利益を与えてこちらの主張を認めさせる

Ⓒ こちらの主張の正当性を納得させる

①～③とⒶ～Ⓒをよく見比べてほしい。①とⒶ、②とⒷ、③とⒸはそれぞれ論理的には表裏の関係にあることがわかる。

私が交渉で最も重視しているのは、②とⒷだ。これが私の交渉術の核心ともいえる。とりわけ紛争を解決する手段としての交渉では、この攻防で大方の流れが決まる。

ここで問われるのは、いかにして仮装の利益を生み出すことができるかという点だ。交渉人の能力もその点において評価されることになる。

交渉を進めていく場合、最も手っ取り早く解決できるのが①とⒶである。だが、そのためには現実的な持ち出しが必要になる。これができるようなら苦労はしない。

③とⓒは絶対に避けるべきだ。一般に〝交渉〟というと、③とⓒをめぐる攻防を主要なテーマとして挙げる場合が多い。巷の交渉ノウハウ本もこの点にスポットを当てたものばかりだ。

これは交渉を机上のものとしてのみ扱っている学者の自己満足。日々紛争解決に関わる実務家の立場からすると、③とⓒほど無益なものはない。

事例で言えば、A社の譲歩可項目の〝再度印刷の必要はなし〟〝訴訟はしない〟と、B社の主張項目の〝再度印刷はしない〟〝訴訟でなく交渉で解決をはかりたい〟はそれぞれペアになる。この二つの点に関しては合意できた。

組み合わせですべてペアができれば、そこで交渉成立である。だが、そうはいかないことのほうが多い。

事例に沿って言うと、二項目が残っている。

このうち、謝罪についてはB社が譲歩可項目の〝担当役員・部長がA社に出向き口頭で謝罪〟よりさらに譲歩し、A社の主張項目である〝トラブル発生の経緯を文書化し提出〟を、十分譲歩も可能な問題としてのんだ（前述の攻防における①のパターン）として話を

「主張」と「譲歩可」を表にまとめる

	A　社		B　社
主張	○B社は印刷料金のうち一〇〇万円をA社に返還する ○B社はトラブル発生の経緯を文書化しA社に提出する	譲歩可	○印刷料金のうち五〇万円をA社に返還する ○担当役員・部長がA社に出向き口頭で謝罪する
譲歩可	○B社は再度印刷の必要なし ○訴訟はしない	主張	○再度印刷はしない ○訴訟でなく交渉で解決をはかりたい

先に進めよう。

残るは金銭に関する点のみだ。ここでB社の交渉担当者がポケットマネーでポンと五〇万円出せれば、すなわち現実的な利益を与えられれば、即解決する。だが、実際にそんなことはあり得ない。

B社は仮装の利益を相手方につけることで、A社に主張を取り下げてもらう（攻防における②のパターン）か、B社の主張をのんでもらう（攻防におけるⓑのパターン）ことを画策することが大切だ。現実にお金を動かさずに、レトリックのうえで利益を作り出す。たとえば、

・本来B社は分割払いのシステムをとっているが、今回は来月末日に一括で支払う
・今後A社の印刷物は、無理をして一日早く仕上げることを確約する

などといったものだ。実際にB社は一括払いにしても、納期を一日早くしてもたいした労力もかけていないし、無理もしていない。B社には損失がないということだ。これが仮装の利益である。

そしてこの仮装の利益を作り出すこと、すなわちB社の譲歩は非常に大きなものであることを強調して、相手方の受ける利益は多大なものだと錯覚させるわけだ。

ここでは、〝一括で支払う〟や〝一日早く仕上げる〟がそれに当たる。B社が従来の支払いシステムや納期を変更することはさほど難しいことではない。だが、相当の努力を伴うものであるかのように、A社に誇張して伝えることが効果を確実にする。

A社の担当者の話をさらに聞くと、誤字は会社概要や理念といった主要な情報内容を損なうものではなく、写真の説明など細かい箇所であったことが判明。A社がもっとも問題視していたのはすでに支払った印刷料金の件よりも、この誤字によって学生からの信頼を失ってしまったことだとわかった。

そこでB社では、

・トラブルの発生から解決までの経緯を両社のウェブサイトで公開

という相手のもっとも欲している利益を提示。これもこちらには、たいした持ち出しのない提案である。

このような仮装の利益を駆使し、相手を説得していくことが重要だ。

交渉をスムーズに手早くまとめるには、こちら側の主張はできるだけシンプルにすること。併せて主張を通すために相手方に譲歩する部分はできるだけ分厚くし、強調しておく。仮装の利益は相手方にできるだけ高く売ることが大事だ。

先ほどの例で言えば、〝来月末日の一括支払い〟や〝サイトでの公開〟などは、「本来はとてもできないことなのだが、御社だから無理に無理を重ねて上司をようやく説得したうえで出した」

ということをこれでもかと強調すること。これが、前述した相手方を納得させる譲歩の演出である（一九頁参照）。こうして初めて、相手方は解決金が半額になってもメリットはあったと納得してくれるのだ。

◎交渉での意思決定は一回限りにすべし

各論での議論は避け、交渉の全体像を見渡し
最終段階での一度きりの決断にもっていく

交渉には〝意思決定〟という側面がある。

これでまとめる、という最後の最後の段階では担当者が決断することになる。私の交渉のスタイルでは意思決定と呼べるのはこの最後の段階だけ。一回こっきりの勝負である。

巷の交渉上手と言われる人のなかには、交渉のプロセスで複数の選択肢をいくつも用意して、相手方の対応を見ながら意思決定を繰り返すことで問題を解決していくやり方を好

む向きもあるようだ。

だが、現実の交渉の現場でこれをやったらどうだろう。あまりに複雑すぎて、言った、言わないの問題を誘発してしまうおそれがある。さらには、必然的に、解決までの時間も長期化していくことだろう。

意思決定が何度も必要になる交渉は、〝流れ〟が悪いという見方もできる。相手方に主導権を握られて、提示される条件に対して、

「これでいいですか？」

といちいち聞かれるような状況がこれに当たる。

私は、交渉のやり方はできるだけシンプルなほうがベターだと考えている。自分の主張を、〝絶対通したいもの〟と〝譲歩できるもの〟の二種類に分別したら、けっして揺らがない。あとは、お互いの主張と譲歩を公平観をともなったかたちで組み合わせ、最終的に双方の主張と譲歩が組み合わせにならないものについてだけ、相手方の主張をのむのか、それともこの交渉を決裂させるのかの意思決定を行なう。このような、最終段階の一度きりの決断にもっていくことがベストだと考える。

◎人を動かす三つの法則……脅し

相手のいちばんの弱みを察知し、そこにつけ込んでこそ、勝機がみえてくる

交渉においては〝脅し〟という要素も、非常に重要なものだ。これはなにも、襟首をつかんで「殺すぞ」とすごんだり、自宅に脅迫めいた嫌がらせをするような類のことでももちろんない。あくまでも、合法的に、相手のいちばん嫌がることにつけ込む行為のことだ。

たとえば、こんなことがあった。ある地方議員の選挙事務所に勤めていた女性が、その議員にセクハラをされたとしてもめていたケースだ。どこかの知事さんとよく似た事件だが、そのとき私は、女性の側について示談交渉を行なっていた。

私が担当する以前には、依頼人は別の弁護士を代理人として立てて交渉をしていたようだが、互いの正当性や、法的根拠を議論することに終始するだけで、話し合いは一向に進んでいなかった。

相手方は、「そんな事実はない」の一点張りで、こちらの慰謝料請求もハナから相手にしていない。八方手詰まりになった私は、ついに最後の手段に出た。

セクハラの悪行をこと細かに記した訴状を、裁判所へ提出することにしたのだ。次の選挙もある議員にとっては、このもめごとが公になることだけは、どうしても避けたい。そのいちばんの弱みにつけ込む策である。

私はその訴状のコピーを相手の弁護士に示しながら、

「今、私のところの事務員が○○○裁判所の前で、この訴状を持って待機しています。私が携帯で連絡すれば、すぐにその人間は訴状を提出することになっています。それでよろしいのですね」

と迫った。これで交渉は一気に動き出した。ほぼこちらの要求どおりの条件で、示談はあっという間にまとまったのだった。

ビジネスの場面でも、〝脅し〟、つまり、相手の弱みにつけ込む行為は非常に効果的だ。たとえば取引先とのトラブルをかかえている場合、その取引先が何をいちばん嫌がるのかをまずは見極めることだ。こちらとの取引の解消をいちばんおそれているのであれば、それを武器にすればよいし、親会社をおそれているのなら、そこへのアプローチを匂わせてもいい。とにかく、厳しい交渉において、ほんとうに実効性のあるノウハウとは、きれいごとではけっしてないことを肝に銘じてほしい。

◎人を動かすお願いの仕方

相手方の価値観に訴え得る〝お願い〟だけがその人を動かすことができる

何度か繰り返しているように、交渉で相手を動かすには、合法的な脅し、利益の提供、ひたすらお願いの三つの方法しかない。ここでは三番目のお願いについて説明してみたい。

交渉の最終場面ではお互いの主張と譲歩を組み合わせていくことになる。この組み合わせをいくら考えても平行線になってしまうこともときどきはある。

合法的に脅しても、相手方に利益を提供してもダメ。どうあがいても譲歩の余地がなくなった。そんなときには、最後の最後にお願いという手段を使う。

ただし、お願いの目的はあくまでも人を動かすことだ。たとえ土下座をしても、合意にならなければ、単なる自己満足に過ぎない。

このお願いの仕方で重要なのは、相手の価値観に訴えかけるようなものにするということだ。たとえば、相手がヤクザのときは、私はよくこう言う。

「もうカンベンしてください。私の顔を立ててください。この話がまとまらなかったら、私、事務所の看板下ろさなあきません」

面子《めんつ》を大切にする彼らに対して、私も事務所の看板という面子を賭けていることをアピールするわけだ。

相手がサラリーマンであれば、

「お願いです。これをのんでもらわないと、私は会社に戻れません。ポストがなくなってしまいます」

「若い者の芽を摘まないでください。私もようやく係長になりました。これからさらに上を目指したいのですが、これでは無理です」

といったセリフを使ってはどうだろう。

すでにおわかりかと思うが、お願いのフレーズはどれも相手方にとって論理的でもなんでもない話だ。お願いをする相手方はこういう泣き落としを理解してくれるような人であることが前提になる。そのうえでキャラクターをよく見極め、動いてくれるような、相手方の価値観に訴える内容を考えなくてはならない。ただ単に「よろしくお願いします」では当然ダメだ。

相手方に子供がいれば子供の話、出身地がわかっていれば県民性で訴えるなど、いろいろなアプローチが考えられる。

お願いのアクションそのものは、お願いする内容のレベルで決まってくる。お辞儀の深さはどれぐらいがいいか、よく考えてから臨むことだ。場合によっては土下座をすることもある。交渉の最後までできたら、なりふり構わない気持ちでいくことだ。

さて、いくら頑張ったとしても、自分の不利益は所詮自分の話。相手方に「知るか」と言われればそれまでである。だが、共感してもらえる余地はどこかにあると思う。

ひたすらお願いしても結局ダメであれば、この交渉自体がいよいよまとまらないということだ。そんなときは、解決できない問題として潔く諦める。

交渉によってまとまらない問題もある、という認識は頭のどこかにいつも置いておいてほしい。無理筋の問題の解決にこだわって、なんとかまとめようと執着するのは、エネルギーの浪費だ。

巷にあふれる交渉をテーマにした本の多くは、まとまらない交渉もあるということを前提にしていない。あたかもすべての交渉がまとまるものであるかのような錯覚にもとづいたものばかりである。

実務家の立場から言わせてもらえば、それらの本の著者は現実をまったくみていないということになる。腕利きの交渉人が秘術のかぎりを尽くして、どんな複雑な問題も解決してしまう――こんなお話はフィクションに過ぎない。

交渉でまとまらなければ、次のステージに向かう。裁判という制度を利用することも考えられる。その問題は思い切って捨てて、ほかの新たな問題に取り組むという考え方もあるだろう。

◎交渉の足かせになる〝信頼〟

人間性も含め、互いに認め合う親しい関係は交渉の足かせになることが多い

世の多くの交渉術には、相手方との信頼関係醸成の重要性を説くものが多い。だが、実際にはそうとも言い切れない。

交渉の場で必要な〝信頼〟とは、ただ一つかもしれない。それは、その案件の交渉窓口は他のだれでもないこの人だけであり、また、不平や不満を解消したければ、この人に話を通さなければならない、といった全権委任者としての信頼性である。

一方、こういった意味以外の、ある種一線を超えた信頼は、交渉の足を引っ張ることに

もなりかねないことを知っておいてほしい。人間性も含め、互いに認め合う親しい関係。そんな信頼関係は、交渉の足かせになることが多い。

交渉のテーブルにさえつこうとしない、こじれにこじれた案件ではこの手の信頼関係などつくりようもないので、心配はいらない。しかし、互いに交渉の準備はできている、その前にお互いをもっとよく知って、スムーズに意見交換に入ろう、といったタイプの交渉では注意が必要だ。

私もかけだしの頃、失敗をした経験がある。

ある損保会社の代理人として、被害者との示談交渉に行ったときのこと。被害者は女性で夫が同席したほうがいいという。夫はある鉄工会社のサラリーマンで、帰宅は夜一〇時近くになるとのことだった。

時間を見計らって被害者宅を訪ねる。夫は程なくして帰ってきた。夕飯がまだなので、近くでどうですかということになった。入った店は居酒屋。

それでも最初は私はアルコールを口にせずに話を進めていた。ところが、相手方の夫はちびりちびりとやっている。私も嫌いなほうではない。すすめられてつい一杯、二杯とあけてしまった。

結果的に、その日は交渉がほとんど進展しなかった。まったく交渉とは関係のない世間話やプライベートな話題で非常に盛り上がり、互いに打ち解けた関係ができあがってしまった。

するとその後が苦労する。一回一緒に飲んだということで、被害者の夫にフランクな間柄になったのだと思われてしまったのだ。私が若かったこともあるが、完全に部下扱いである。これでは、全権委任者としての威厳もなにもない。

また、私はその後の交渉で手加減をした覚えはないが、一般的に、交渉相手同士が親しくなれば、その主張の勢いも鈍り、厳しいやり取りがしにくくなる。相手を知ったことによる、遠慮も生まれてくるだろう。

そんなわけで、私は基本的に、交渉相手とは積極的に親しくなろう、信頼関係を築こうなどという働きかけは一切しない。

事実、信頼関係を背景にして、

「いやあ、じゃあこの金額をどうしましょうか」

と穏やかに話をしていくよりは、ガンガン言いたいことを言い合って、

「最後にこちらの面子だけは立てさせてください」

「うーん、そこまで言うんだったらなんとか」

ということで決まったような案件のほうが、あとあとうまくいくことが多い。逆に、なあなあの交渉過程によって結ばれた合意は、あとになってから、不平や不満、注文がついてくることが多い。

これは私の経験上、実感できるところだ。

第2章

まんまと相手を言いくるめる逆転の交渉術

ありえない比喩、立場の入れ替え……
相手を錯覚に陥れる詭弁の極意

◎一度オーケーしたものを〝ノー〟にしてこそ勝機がみえる

言ったことに無理やり前提条件をつける、オーケーした意味内容の範囲を狭める戦術

交渉において非常に重要なのが、こちらが一度はオーケーした内容を、ノーへとひっくり返していく過程ではないだろうか。まさに、詭弁《きべん》を弄《ろう》してでも黒いものを白いと言わせる技術である。巷間耳にする、心理学者や大学の先生方の交渉理論では、ほとんど触れられないものかもしれない。

〝ずるいやり方〟と読者の方はお思いになるかもしれないが、実際の交渉現場で威力を発揮するとても重要な要素なのだ。

私が担当する交渉ごととは、もつれにもつれた案件がほとんどといっていい。当事者間や仲裁者を交えた交渉でもカタがつかず、場合によっては、以前、別の弁護士が入っていたかもしれない。それでもまとまらず、私にお鉢が回ってきた。そんな状況だ。こんな交渉の場においては、〝まっとうな交渉理論〟だけではけっして太刀打ちできない。

ほんとうに必要なのは、そんな複雑な事情や感情が入り混じった状況下で使える、実戦

的ノウハウだと思うのだ。そんな意味からも、これまでの発言や、約束ごとを覆していく方法論は、交渉の流れを優位にもっていく重要なものだと考えている。

大きく分けて、そのやり方は二つある。

① 自分の言ったことに前提条件を無理やりつける

「AをオーケーしたのはBという条件が必要だったんですよ」

とあとから付け足す。そのうえで、

「確かにオーケーはしましたけど、Bという条件が整っていないから、約束は果たせませんね」

という話にもっていく。

この場合の前提条件は、相手がその時点で満たしていないもの、満たしようがないものをわざと作る。いわば仮想の条件である。満たされないような条件をわざとつけて、今、満たされていないから、一応はオーケーしたことであってもこちらは約束を果たせないという論法で逃げる。

「先週の打ち合わせでは、納期を○月○日ということで設定していたはずですが？」

「ええ、確かにそれでオーケーしました」

「それがなんで一カ月も遅くなるんですか?」
「納期を○月○日にするには、商品『A』と『B』をセットでお買い上げいただくことが前提です」
「そんなことできるはずがありませんよ」
「その前提が無理なら、納期の件もお考え直しいただかないといけませんね」

② オーケーした意味内容を狭める

たとえば、交通事故の全額支払いの念書の例で説明する。

車と車がぶつかって過失割合で五対五の案件のときに、〝全額払います〟という念書を書いたとする。相手方の車の損害は一〇〇万円。五対五だと、こちらは五〇万円を相手方に払うことになる。法律上は五対五であったとしても、ここで〝全額払います〟という念書を書いた以上は、一〇払わなければならないものと一般の方々は思うだろう。

このようなピンチの際にはオーケーした内容、すなわち〝全額払います〟の〝全額〟の意味を狭めてしまうのだ。

全額支払いをオーケーしておきながら、

「自分が払うと言った主旨は無制限に払うということではなくて、法律で決められた範囲内で全額を払うということです」

と、要するに法律上、五対五で決められた〝五〇万円〟が〝全額〟であることとしてひっくり返す。これは私がよく用いる方法だ。こうした解釈を認めている裁判例も多くある。

逆に、相手方には言い分をひっくり返されないようにする必要がある。それを避けるためには、条件を付けられたり、狭められたりしないように、交渉の席でオーケーした部分を特定しておく。明確に、範囲を絞って記録をしていくということだ。

「〇〇という条件がなくても、払うんですね」

「こちら側の要求が通ったとしても、これはきちんと払うんですね」

「あなたの要求が通らなくても払うんですね」

というふうに、事前に想定される条件をきちんと否定しておく。

オーケーしたことをひっくり返すには、ほかにも細かいワザがいろいろとある。

たとえば、交渉の担当者が変わっていくときはチャンスと言える。それまでにオーケーした内容を一気に白紙に戻せるからだ。たとえ相手方が、

「前の担当者はこう言ってたじゃないか」

とクレームをつけてきても、

「それはそのときの状況での話でしょう。前の担当者との間で合意ができてるんだったら結構ですが、合意になっていない以上は、ダメです」

とはねる。〝そのときの状況での話〟という制限を勝手に加えて、ひっくり返しているわけだ。

◎立場を入れ替える効果

相手方を第三者の立場、こちら側の立場に立たせ、追い込んでいく

相手方を第三者の立場に立たせる、という方法もある。これも、交渉を優位に運ぶための非常に有効な手段だ。たとえば、次のような問いかけを相手方にするのだ。

「今回は私がこういう要求をします。第三者的な立場で公平にみてほしい。たとえば、あなたがもし裁判官の立場に立ったらどうですか」

相手方は裁判官の立場に立つ必要など全然ない。冷静に考えれば、おかしな話である。ビジネスマンの交渉であっても、違う部署や支社、営業所、同業他社、異業種、海外法人など第三者的な例はいろいろあるだろう。

また、私が交通事故の加害者の代理人として、被害者と交渉する場合などは、

「交通事故ではだれもが被害者・加害者両方の立場に立つ可能性があります。今回の交渉で私が言っている加害者有利の理屈を、被害者であるあなたがきちんと理解して、認めておけば、あなたが加害者になったときに今度はその利益を享受できますよ」

というフレーズをよく使う。

交通事故は被害者・加害者の立場が入れ替わりうるものであるという世間の常識を使うわけだ。もちろん、なかには、

「俺は交通ルールを守っている。事故なんか起こさない」

という人もいる。そんなときは、

「未来永劫、絶対に事故は起こさないと言えるんですか」

とたたみかける。これも本当はおかしな理屈である。未来がどうだろうが、とりあえず今問題になっている事故には関係ない。ところが、いずれもつい引き込まれてしまう人が多い。立場を入れ替えて実に公平に判断してくれるのだ。

また、相手方に、〝あなたも同じ立場だったらどうなんだ〟と迫る方法もある。

私が、自分でいったんはオーケーを出したことをひっくり返そうとするのは、いろいろ

と不利な条件があるからだ。あくまでも私にとって不利なだけ。何も相手方が私の立場になる必要はまったくない。交渉相手なのだから、立場は違うのは当たり前。不利な私の立場に立てば、相手方も当然不利と考える。

「あなたはそう言うけどね、私の立場になってみてくれ。それでも、あなたはオーケーと言えますか」

「そんなこと知らんよ。そういう問題じゃないでしょう」

そんなふうに相手は答えるかもしれない。しかしそれでも、いままで執拗に自分の立場だけ主張していた人間が、こちらの話を聞く姿勢になってくることは多い。

しかし、なかにはこんなやり取りをしても、まったくこちらの立場や言うことを理解しようとしない厄介な人たちも存在する。そんなタイプの人間にはどう対処したらいいのだろうか。

たとえば、あるトラブルの賠償金として、こちら側は一〇〇万円の支払いには応じる用意があるとしよう。この一〇〇万円という金額は、類似ケースの裁判での決着や、今回のトラブルのさまざまな事情を鑑みても非常に妥当な金額だとしよう。しかし、相手側は、「一億円よこせ」と、法外な要求を繰り返している。

「こちらの立場になって考えてください。あなたが私の立場だったら、そんな金額払いますか」

と、こちら側が言ったとしても、

「ああ、俺なら払うよ」

と開き直ってくるタイプだ。私はこの手の発言には、

「そうですか、あなたはこのような理不尽を認めるほど理不尽な価値基準をお持ちなんですね。あなたが、そんな理不尽なルールで交渉をするのなら、私だって、今後は理不尽なルールのなかで交渉をさせてもらいます。法律上一〇〇万円をわれわれは払わなければならないのでしょうが、私は一円たりとも払いません」

と言い切る。相手方は、

「それが法律家の言うことか！」

などと言ってくるから、私は、

「あなたにピッタリの理不尽なルールにもとづいています」

と、徹底的な開き直りで切り返すようにしている。これによって、〝いくらゴネたところで自分の思い通りにはならないのだ〟と相手にわからせ、交渉のペースをこちらにもっ

てくることができるのだ。

この切り返しは、相手が法外な要求をすればするほど、活きてくるものだ。そのためにも私は、相手がこのような理不尽タイプであれば、あえて発言はさえぎらず、どんどんしゃべらせ、どんどん法外な要求をさせてしまう。そのうえで、前述のような流れで一気に相手をたたみ込んでいく。

これも、〝立場〟を利用した、交渉戦術のバリエーションの一つである。

◎ありえない比喩による論理のすり替え法

まったく無関係な比喩によって、相手の主張が間違っているかのような錯覚に陥らせる

絶対に自分の意見を通したいときに、ありえない比喩を使うことがある。たとえ話をいかにうまくするかというのも大事だ。

それはないだろうと言われるようなことでもいいから、たとえ話のストックをたくさんもっておくと、いざというとき役立つ。

交通事故の話でいえば、被害者は自分の要求が通らずにやきもきしている。そんなとき

に私は加害者（払う側）の代理人としてよくこう言う。

「これが殺人とか、強盗・強姦というような案件であれば、もう、びた一文負けることなく、犯人に全部請求してください。でも、今回は交通事故です。交通事故は被害者と加害者が入れ替わり、だれもが加害者になる可能性があるんです。そこで被害者の言い分ばかりを認めて、加害者の声に一切耳を貸さないとしたら、どうなりますか。日本の交通事故処理制度や交通裁判そのものが成り立ちませんよ。あなたの言い分はよくわかります。殺人・強盗・強姦の場合にはあなたのような要望を言ったらいい。だけども、今回は交通事故なんで、我慢してください」

実際にはない、別の強調するような案件を作り出すという方法だ。私としては、今回は交通事故なんで、そういう要求はあきらめてくださいよ、という結論にもっていきたいわけだ。そこで交通事故とはかけ離れた案件をもってくる。

「その案件の場合だったら、あなたの要求は絶対通りますよ。だけど、今回は、あなたの要求が通るような案件とは全然違うじゃないですか」という話をする。

すでにおわかりかと思うが、これも論理のすり替えである。別の案件を持ち出されたからといって、相手方が自分の案件における要求を引っ込める必要はまったくない。

「それは違う案件の話じゃないか」

と言われればそれまでである。殺人や強姦では請求できる。でも、交通事故でも請求していいのだ。

だが、そこでほかの案件を思い切って誇張する。「殺人や強盗の被害者だったら請求できます。でも、殺人や強盗とはまったく異なる交通事故の場合は請求しなくてもいいでしょう」とすり替えをしてしまう。相手方の要求が通る事案は、極端に被害者が悲惨なものであって、今回の案件ではさも要求が通らない、要求することがおかしいかのような錯覚を生ませる。

「殺人ではない。微々たる交通事故なんで、要求はある程度曲げていかなくてはならないのかな」

と思い込ませるのだ。

ここでは、相手方の主張を全否定しないこと。そんなことをすると、感情的な議論になって、交渉はまとまらなくなる。あくまでも言い分はよくわかります、という態度を見せる。

それを前提に、あなたの主張が通るような状況は、こういうものです、という仮想の状況を作る。それも、今の状況では主張は通らないと思わせるために、できるだけ現実離れしたものがいい。前述した自分の主張に前提条件をつけて約束を反故にするテクニックの、応用編と考えてほしい。

◎交渉とは不満足の分配作業だ

交渉の長期化より、紛争の早期解決が何よりのメリットであると演出していく

交渉において勝つということは、相手方の要求をすべて退けて、こちら側の要求を無理やり飲ませることなのだろうか。確かにそういった一面もあるだろう。

しかし注意したいのは、交渉担当者がその思いにとらわれすぎると、まとまる交渉も、まとまらなくなってしまうということだ。

第一に心得てほしいのは、〝交渉とは不満足の分配作業〟だということだ。優れた交渉人はみな、この大基本を理解しているものだ。

まずはなんといっても交渉をまとめること。相手方との合意にこぎつけること。そのためにはお互い譲れるところ、譲れないところを明確にして、それがかみ合わなければなら

ない。ここまでもっていくことが、交渉における本当の意味での〝勝ち〟なのだ。

交渉にハッピーエンドなどそうそうないことは理解しておいたほうがいい。まとまったときに当初用意していた主張がすべて通るなど、まず考えられない事態だ。交渉はプラスを求めていくというよりも、マイナスを少しでも解消していくことに近い。私はかねがねそう考えている。

今抱えている紛争を終わらせることの意義をかみしめておきたい。紛争を片づけることで、少なくとも一歩は確実に前に進むことができる。

特に、長年こじれた紛争を解決するための交渉ではそう言える。担当者は、交渉によって紛争を解決させることをまず考えるべきである。仮に主張のすべてが通らなかったとしても、重要な問題ではない。

相手方に対しては、どうにかしてこの紛争を解決することが、この交渉の目的なんだということをわからせる。こちらにしても、相手をやり込めたり、遺恨を晴らすことが目的ではない。やはり交渉をまとめることが、そもそもの目的である。

「この交渉がまとまれば、紛争が長引いて生じるであろう不利益からは解放されるんですよ」

「こちらもこれだけ譲歩しているんですよ。こっちだって納得できない部分もありますが、お互い我慢できるところは我慢して、解決にもっていきましょうよ」

ということで納得させ、合意にもっていく。

こうすれば、〝要求がすべて通った〟という積極的な満足感はないにしても、〝不利益がなくなった〟という意味での消極的な満足感は与えられる。

実は勝ち負け以前に、この〝紛争が片づいてよかった〟という思いを共有することが重要だ。これは、厳密に言えばただの演出でもかまわない。こちらは実際には、損害をこうむるような譲歩をしていなくても問題ではない。不満足を分配しながらも、お互いに解決という共通の目的にむかって交渉しているのだ、という雰囲気を作り上げていくことが重要だ。

わずらわしい思いや、金額のかけひきや、裁判沙汰になるかもしれないといった不安から、交渉をまとめれば決別できるという思いを、前述のようなさまざまな言い方で相手に喚起していくことが必要だ。

◎いちばん不利なのは期限付きの交渉

相手が解決期限にしばられていることを察知できれば、交渉を優位に運ぶことも容易

「とにかく年内にまとめてもらいたい」

相手方がこういう要望を出すことがある。暮れも押し迫った時期の金銭交渉などの場合が多い。トラブルを持ち越さず、すっきりとした気持ちで新年を迎えたい。気持ちはよくわかる。よくわかるのだが、こちらとしては相手の弱みとして、交渉材料に利用させてもらう。

このような、交渉解決までのタイムリミットにしばられている相手は、交渉する相手としてはかなりやりやすいほうの部類といえる。

「う～ん、そうですねえ。早く解決したいのはやまやまなんですけど。これはヘタしたら、年を越すかもわかりませんよ」

「そこをなんとかならんだろうか」

「わかりました。なんとかうちとしては年内に時期を早めて収めるようにしますので、こ

このところをちょっと考え直してもらえませんか？」

解決の時期を早めることに、私たちの側にはなんのデメリットもない。だが、相手方には大きなメリットになる。本当は余裕で年内解決が可能でも、こちらも最大限の努力をしたということにして、譲歩を強調する。

この場合、労せずして仮想のメリットを相手方に与えられたということだ。持ち出しなしで相手方に満足感を与えられれば、言うことなしである。

日常の交渉ごとのなかでも、相手がこのような解決期限にしばられていることが察知できれば、それだけで大きなアドバンテージを有したことになるのだ。

何気なく〝察知〟という言葉を使ったが、これは交渉担当者にとって最も重要な資質の一つである。

たとえば金銭の授受が交渉の議題となっているのであれば、相手はその受け取りや、支払いの形式、期日にどのような考えをもっているのか。また、相手の会社に決算日が近づいているのであれば、その決算日が今後の交渉スケジュールにどのような影響を与えているのか、など相手の立場に立ってさまざまに分析する必要がある。

また、このような腹の中にしまっていたタイムリミットを、交渉中の会話で思わずもらしてしまう人もいる。そんな期限にかかわる発言には、こちらも敏感になっておく必要がある。

逆に、依頼人から「〇月〇日までに解決してもらいたい」という至上命令が出ることもある。

これは、こちらにとって非常に苦しい状況。この場合、私にとってこの交渉で譲れない部分は〝期限〟ということになる。期限をどうしても守りたいということになると、相手方との主張と譲歩の組み合わせで、最悪、期限以外はすべて譲歩しなければならないということも考えられる。

もちろん、最初から〝〇月〇日までに〟という期限を相手方に伝えて、手の内をさらすようなまねはしない。だが、金額など主要な条件で相手方に譲る部分はどうしても出てくる。結果的に、端から見たら非常に偏った、こちらに不利な解決内容になるかもしれない。だが、期限を守ることが最重要なので、仕方がないといえる。このように、期限付きの交渉ほど不利なものはないのである。

◎最後の段階で欲をかいてはいけない

自分の目標ラインでまとまるのなら、さっさと妥結。下手な欲をかくと泥沼に

紛争の当事者にとっては、早期解決が最大のメリット。これは大事な考え方だ。

よくある話だが、自分が設定した目標があるのに、それ以上のよい条件を出してまとめようという欲をかいてしまう。これでうまくいった試しはない。どつぼにはまっていくだけだ。自分の目標設定どおりにまとまれば、それでよし。あとは交渉により長い時間がかかることのほうがデメリットと考えるべきだ。

それに、当初の設定目標に上積みを加えていくと、これまでに主張してきた論理に破綻を招く可能性も出てくる。微妙なスタンスの変化は、相手方に足元を見ている行為ともとられかねない。他のすでに合意可能となっている諸条件での蒸し返しが始まることも考えられる。

むしろ、時間をかけてより有利なものにするよりも、いかにゴールに早くたどり着くかを考えるほうが交渉上手と言える。迷いは生ぜずに、ちゃっかりと自分の目標ラインでま

とまればすぐに妥結。これが肝要だ。

紛争をめぐるいざこざから解放されて、次の生産的な行動に移れる。このことがもつ意味は大きい。紛争の解決という本来は後ろ向きな話に一日でも二日でもとらわれるのは、どんな要求が満たされることよりもデメリットだ。たとえ粘って五〇万円上乗せして解決するよりも、早い解決に価値があると私は思う。

その意味からも、けっして欲はかかず、最初に決めたゴール設定を守るべきだと考える。

◎相手方の「言ってない」を完封する記録の方法

相手方の記憶を喚起できるくらい具体的で詳細な記録をとることがベスト

交渉を進めていくプロセスで、相手方が、

「あのときはああ言ったけど、そういう意味じゃない」

などと言ってくることがよくある。これは記録の仕方によって抑えられる問題だ。記録を取る段階で、できるかぎり相手方の逃げ道をふさいでおく。

記録を取る際は、抽象的な表現は避けて、具体的に言葉を絞っていく。言葉の意味する範囲をできるだけ限定することが大事。曖昧な記録は相手方に逃げ道を残してしまう。

記録で特に大事なことは、相手方の〝譲れるところ〟と〝譲れないところ〟を明確にするということだ。

たとえば、相手方がお金にはそれほど固執していない場合でも、

「お金はどうでもいい」

などという書き方をしていると、あとで問題になる。記録をもとに、

「『お金はどうでもいい』と言ったじゃないですか」

と確認すると、相手方は逃げ道として、

「いや、そうじゃない。『こっちの条件が通ったら、お金なんてもうどうでもいいから』という意味だったんだ」

と切り返してくる。そんな逃げ道はいくらでもある。

では、相手方の主張と譲歩をどこまで具体的な表現で特定すればいいのか。

まず、相手の主張の譲れるところ、譲れないところをきちんと項目を立てて、選別する。

たとえば、譲れるところとして、相手方が「お金はどうでもいい」と言ったとしても、これだけでは不十分。相手方がどこまで譲れるかを質して、こちらにとって「ここまでは

譲ってもらいたい」というポイントとクロスさせる必要がある。相手方が譲ってきたときこそ、警戒が必要だ。目先の譲歩部分だけに気をとられ、相手の言うことをそのまま記録してしまうなど愚の骨頂である。

一つの譲歩の裏には狙いを仕込んでいるものだ。相手方が譲ってきたときは、裏の狙いがなんであるのかを読まなくてはならない。譲歩の裏に隠された主張を読み取るということだ。

その場では譲歩の構えを見せても、あとでピンチになったとき、相手方が「言っていない」と言ってくることもよくある。相手方による譲歩の撤回はあらかじめ予測できることだ。それを防ぐためには、相手方の譲歩に潜む真の狙いをくんで記録していくことが必要になる。

先ほど触れた相手方の解決期限を読む力と並んで、譲歩の裏の真の狙いを読む力も交渉には不可欠の武器である。交渉ではぜひとも見抜きたいいくつかのポイントがある。先に挙げた二つはその最右翼と言える。

記録をする際には、受身の姿勢になっていてはダメだ。相手方の発言に対して能動的・主体的に反応していくことが求められる。

交渉の最大の山場は、このクロスさせるところにある。

こちらの主張の部分と相手方の譲歩部分、こちらの譲歩部分と相手方の主張とをクロスさせていくということだ。

もし、相手方が「お金はどうでもいい」ということであれば、必ずこちらの要求とからめて、

「こちらは○○という要求はするけれども、相手方はお金はいらない」

という合意にする。

記録のスタイルは基本的にメモが望ましい。特に重要な事案にかぎってテープで録音する。

メモによる記録でいちばんいい方法は、最終的に相手方に見せてサインをもらうというものだ。これなら、あとから相手方に文句を言われても、まったく問題はない。

だが、交渉担当者が残す記録は客観的な事実だけを書く一般的な〝記録〟とは性格が異なる。本来は内部文書であり、相手方の雰囲気や感情の面まで主観的に書いているものが多い。結論として、とても相手方には見せられないことがほとんどだ。従って、メモの内容に同意してもらった証拠のサインを、相手方に求められないことのほうが多い。

サインなしの記録だと、相手方は強気である。

「そんなことは言っていない」

「それはそちらが勝手に書いただけじゃないか」

と言われることもある。

対策としては、本当に基本的な項目だけに絞って、できるかぎり具体的で詳細に書き残すことだ。

「○年○月○日、○時○分、大阪市内の○○で、こういうふうに言われましたよね」

と具体的な記録にもとづいて指摘すれば、相手方も「言っていない」で押し通すことは難しくなる。具体性が高ければ高いほど効果は大きい。裁判の例で言うと、供述は具体的で真に迫っていればいるほど信用性が高いとされている。これと同じことだ。

私が考える交渉の記録の基本的な項目とは、次のようなものだ。

① 日時
② 場所
③ 相手方
④ 主張・譲歩

記述のうえで注意したい点は三つ。

①　会話は一問一答形式で書いていく
②　発言内容の主語は明確にしておく
③　記録者が感じた主観と、会話に出てきた事実はきちんと区別する

私の事務所の事務員にも、最初はメモはすべて一問一答で書かせる。これは徹底している。文章で書くのではなく、必ず会話形式で書く。私は弁護士なのでB、相手方はAとして、シナリオのような書式でまとめる。

交渉の最終段階で約束を取り付ける際に、私が相手方の発言を自分の言葉に置き換えて話すときの根本にはかなり具体的な記録がなければならない。

曖昧な記録を見ながら、

「確か、このメモによれば、こういう言葉を言ったと思うんですけど」

などと言ってしまうと、相手方にも足元を見られる。すかさず、

「そんなこと言ってないよ」

ということになってしまう。できれば、記録を見返した相手方が、「ああ、そういえば、こんなことを言ったな」と、記憶が喚起できるくらい具体的で詳細な記録がほしいところ

だ。

交渉の記録は、まず具体的かつ詳細なメモをとることが大前提。そこまでしてもあとでもめそうな相手や証拠が重要な意味をもつと想定される事案のときには、テープでの録音を必ずやる。

テープを使用するときには、基本的には録音する前に相手方に許可を求める。だが、オーケーをもらうのが難しそうな相手の場合は、隠し録りも辞さない。

私自身も電話での会話内容を隠し録りされた経験がある。電話での録音は、通話中の音声のトーンで察知できるものだ。ちょっと遠い、どこか抜けたような音になる。相手方が細かいやつだと、それくらいのことはされるだろうとこちらも予測している。

よしんば録音されていたところで、そこは私も弁護士である。あとで裁判になったときに、話している内容が違法とならないように自分の責任と権限において話す内容を判断している。

交渉においては相手方をだますことはときに必要だ。この本で紹介している〝仮装のメリットの提示〟などは、言い換えれば〝だまし〟である。交渉の過程でこちらにとって経済的な損失を伴わないものの、相手方にとっては得になることを作り出す。そのうえでそれを、あたかも無理に無理を重ねた譲歩であるかのように相手方に差し出す。だましには違いないが、これが私の交渉術の根幹でもある。

ただし、そのだまし方が問題。詐欺になるような違法なだまし方は絶対にしない。録音されているいないに関わらず、そういう感覚は常に忘れないよう肝に銘じている。

◎ビジネスマンの交渉で見落としがちなこと

交渉とは相手側だけではなく、味方の決定権者に対しても細心の注意を払って進めていく

私の携わっている交渉とは、依頼人の代わりに交渉を請け負い、紛争を解決していく代理人交渉である。つまり、ただ交渉相手の合意を得て、まとめ上げればいいというものでもない。当然そこには、依頼人の意向も満足させる内容を含みこんでいかなければならない。

これは、世のビジネスマンの方々の交渉と、非常に似たものではないだろうか。交渉担当者が、長年こじれていた案件を解決できそうな段階までもっていったとしても、自分の会社の上司や上層部から〝ノー〟と言われれば、また振り出しにもどるしかないだろう。

このように交渉相手と、味方側の決定権者との間で板ばさみになり、苦労する現場担当者の話を私もよく耳にする。そんな人たちに、私なりのノウハウをお教えしたい。

このような問題で苦労する人の多くは、交渉とは相手方との折衝だけだと誤って認識しているのだ。代理人交渉においては、相手と、味方の決定権者との両方向での交渉がセットになっていることを理解してほしい。少なくとも一般的には、味方側への視点が非常に軽視されている傾向がある。

板ばさみ問題を避けるためには、味方側への説明の仕方が非常に重要になってくるのである。交渉の見立て、つまり決着の予測をどのように説明するかだ。

たとえばある交渉担当者が自分の会社の決定権者に、

「今回の交渉では、五〇〇万円を要求しましょう。このあたりが落としどころですね」

などと報告しているとする。ところが、実際の落着額は一〇〇万～二〇〇万円で、見立てがまったく間違っているというケース。これでは決定権者の説得に余分な労力がかかってしまう。

まずは、正確な見立てを持つことが最低条件だ。そして、その見立てはなるべく厳しめに設定する。交渉がはじまる前に担当者に対する期待値を必要以上に上げすぎないようにするためだ。

「今回は二〇〇万円くらいはいけそうだ」

と思ったとしても、上司や同僚には、

「まあいいとこ一五〇万円ですね」

などと伝えておく。本当の落としどころは、相手方はもちろん、味方にも秘密にする必要があるということだ。結果的に二〇〇万円取れたとすれば、それにこしたことはない。成果が大きくなれば、担当者も会社もともにハッピーである。一五〇万円に終わったとしても、見立てどおりだからだれも傷つくことはない。

こう言ってしまうと、簡単なことのように思われるかもしれないが、実践するとなるとなかなか難しい。味方にはだれしも心を許しているし、油断も生まれやすい。不用意な発言を防ぐためにも、上司に説明する前には一呼吸おくこと。考えられる最悪のケースをさまざまに想定し、自分の見立てを厳しく見直すことも必要だろう。私も依頼人には、交渉に入る前に、最悪の事態を必ず伝えることにしている。交渉前に、もっともうまくいった場合と、最悪の場合の二つのシミュレーションをしておくことが重要だ。

最悪の事態をシミュレートできるということは、その事案をよく理解しているからにほかならない。最高の結果の予測はだれにでもできる。

いちばん避けたいのは、交渉に手をつけるときには大きなことを言っておきながら、ふたを開けてみると大した成果はなかったという場合。そうならないためにも、自分の相場観は常に磨き、甘い見通しの説明は慎むべきだ。

交渉においては、相手方も味方もさして変わりはない。話をまとめていくうえで、どちらもキーパーソンである。

〝ずるいやり方〟と思われるかもしれないが、味方に対しても、相手に対するのと同じくらい細心の注意をはらって臨むべきなのだ。

◎相手の〝面子〟をうまく利用する

論理的に解決しても、面子を立てなければ、
まとまる話もまとまらない

一見ビジネスライクでまったく情のつけいる余地などないかのような交渉にも、人の気持ちは微妙な影を落としている。

たとえば、〝面子《めんつ》〟という問題がある。論理的には解決した交渉であっても、面子が立

たないということでなかなか相手方に引き下がってもらえないことは実に多い。

紛争解決の手段として交渉を用いるのであれば、面子は避けて通れない。いくら交渉の席で合意したとしても、面子の点で引っかかりを残しているようでは真の解決にはならないからだ。

交渉の条件面ではとことんシビアに要求していったとしても、ときには相手方の面子を考えてやらなければならないことがある。そのことによって本当の意味での解決がはかられ、さらにもう一歩の譲歩を引き出すこともできるかもしれないのだ。

私がある貸金業に勤める男性を相手にした交渉を例にとってみる。

彼は交通事故の被害者である息子の代理人。私は加害者が加入していた自動車保険の売り手である損保会社の代理人。お互いそんな立場で交渉をすることになった。保険金による賠償の内容が交渉の焦点である。

彼のやり方はかなり荒っぽかった。本業である取り立てのノウハウを通じて、相手方が嫌がること、怖がることは百も承知である。もめたとはいえ、たいした話ではない。わずか一万円程度の立替金の支払トラブルで、損保会社に怒鳴り込んで約二時間にわたって居座り、ごくごく細かい、言った言わないレベルの話を蒸し返し、揚げ足をとりまくる。商売柄、眼光はかなり鋭い。〝殺すぞ〟といった程度のセリフは、まるであいさつ代わりだ。対貸金業者の交渉にはセオリーがある。いくら強がったところで実は許認可事業なので、行政への手続きにはからっきし弱い。録音機器で彼の発言を洗いざらい録音させてもらった。もちろん相手の承諾は得ていない。

私は仮処分の手続きをとったので、彼ら親子と裁判所で再会した。相手方は裁判所でわめきちらし、私へも〝殺す〟発言の連発だった。

結局、裁判所の調停も、これ以上はできないということで流れた。仕方なく、裁判所の外に出て話を続けることにしたが、息子も父親も頑として折れてこない。

常道として、私は相手方の弱みにさらにつけ込んでいくことにした。彼の勤務先に内容証明を送付したのだ。並の弁護士なら〝やばい〟と判断するかもしれないギリギリの手段である。

許認可事業である貸金業は、どんな会社でもこの手のトラブルを極端に嫌う体質をもっている。効果はてきめんに表れ、彼はその会社をクビになった。

内容証明を見せながら、私はこう宣言した。

「あんたがそういう姿勢で永久にくるんなら、それでもかまわない。でも、こっちも看板かかってる以上はとことん追い詰めるからな。あんたがこれから再就職する会社全部に、これを送らせてもらう」

さしもの敵もこれにはまずいと思ったようだ。引けるところは引こうという方針に転換。どうやらイケイケのキャラクターである以上、息子の前では強い父親でいたいという心情が強くあったようだ。こちらとしては、交渉の本筋で引いてさえくれれば、それ以外の枝葉の部分で謝罪することにやぶさかではない。

「私も交渉のプロですから、やるときは徹底的にやります。ただ、息子さんの前であなたに何か余計なことを言ったとか、バカにしたということがあれば、それは謝ります」

息子には、さらにこう言葉を続けた。

「お父さんの示談交渉は非常にシビアでした。こちらも攻め込まれたんで、最後にはプロである私も譲歩しなくてはならなくなったんですよ」

ようやくまとめに入った交渉。最終的には、金額でお互いの主張に一五万円ほどの差がついたが、なんとかお願いして一〇万円にしてもらった。父親の面子を立てたことが多少効いたかもしれない。

ビジネスの現場では、ここまで強烈な交渉相手は登場しないだろう。だが、相手方が面

子を背景にすると引くに引けなくなってしまうことは十分にあり得る。たとえば、

「部下にいいところを見せたい」

「上司に能力を認めさせたい」

「老舗の看板に傷をつけたくない」

「名門企業の威光に従わせたい」

こんな面子意識が交渉を迷走させることがある。相手方の立場をよく観察して、面子を立ててやることが大事だ。

◎安易な〝ふっかけ戦術〟は交渉に悪影響

緻密で複雑な作業が必要な交渉の現場で、安易な金額のふっかけ合いは混乱をきたすだけ

交渉といえば、〝ふっかけ〟の論議がよくされる。

「一〇の要求を通すためには、一〇〇をまず要求しておかなければならない」

というような話だ。

金銭交渉だけのごくごく単純なケースなら問題ない。いくらとれるかということだけが、

双方のテーマだからだ。

最終的に金額をすり合わせる段階では、あと一〇万円、一五万円ふっかけてもいいと私は考えている。本当は三〇万円回収することで依頼者も納得しているのだが、相手方に、

「四〇万円でなんとかまとまりませんか」

というようなふっかけなら、してもかまわない。

だが、お互いの主張と譲歩の組み合わせが金銭だけにとどまらず、多岐にわたって複雑になっている場合、話は別だ。

交渉においては核心部分の周辺で相互の主張が対立することが多い。そして、お互いの主張と譲歩、核心と周辺を峻別し、しかも、それぞれについてどこまで主張し、どこまで譲歩できるのか、その範囲を明確にする必要がある。非常に緻密で複雑な作業を行なわなければならない。

こういう現場で、金額のふっかけ合いに血道を上げることにどれほどの利点があるだろうか。目先の金額だけにこだわって、交渉の進展に混乱をきたすだけに終わりかねない。かえって不利益を被るだけだ。

ふっかけについて考えるくらいの余裕があるのならば、もっと高みに立って案件全体を

見渡し、何を要求し、何を譲歩すればいいかを検討すべきだろう。

◎〝初めにルールありき〟の交渉は必ず失敗する

紛争の当事者にとってハッピーなのは早期解決。法律などのルールはあとからついてくる

私は交渉のプロであると同時に法律のプロでもある。交渉にも法律を使うことは頻繁にある。

ただ、初めに法律ありきでは交渉はできないことも確かだ。交渉で法律を扱ううえでの姿勢について、一言述べておきたい。

法律、法律と大層にいっても、所詮、人間がつくったものである。紛争解決のためのツールの一つに過ぎない。法律を使って問題解決をはかろうとする人のなかには、法律を目的と考えてしまうきらいがある。だが、これは筋違いである。

紛争を本当に解決できるのであれば、多少強引な法律の組み合わせになってもかまわないと私は思う。世間で言うところの良識に必ずしも沿う必要はない。

最優先されるべきは、紛争の当事者が納得のいく形での解決。このゴールさえ見誤らな

ければ、法律なんてどう使ってもいいのだ。

〝法はこう言っている〟というような神学論争めいたお題目を唱えているだけでは、事は一向に進まない。もちろん、

「法律でそう決まっています」

「うーん、そうか。じゃあ、仕方がないな」

という会話が成立するタイプの相手になら、法律は非常に役立つツールとなる。

だが、現実にはこういう例ばかりではない。たとえば、事故の被害者への慰謝料支払いをめぐる交渉。こんな場合は、被害者が法律を超えた額の提示をすることが現実にはよくある。

〝法律なんてどう使ってもいい〟ということに対して、不道徳と非難する人もいるかもしれない。だが、お互いがそれで納得できるのであれば、そこで法の枠にこだわるほうがナンセンスではないか。

法律をはじめ、ルールや規則を絶対視して、そこからはずれた決着を認めない。そのために交渉を決裂させるのはもったいないと思う。

サラ金の利用者の代理人として、業者を相手に交渉することがある。業者が設定する金

利は違法なもので、それをもとに取り立てを行なう。

利息制限法などの法律に照らして考えれば、利用者が払い過ぎた分を業者から返してもらわなければならないということも出てくる。

だが、こういうケースであっても、依頼人がお金を返してもらうことを第一としていない場合がある。私の依頼人の一人がそうだった。

サラ金の問題からは一刻も早く離れて、第二の人生を歩みたい。業者から電話がかかってきたり、弁護士と相談したりというゴタゴタに振り回される日々にはもううんざりだというのだ。

こういうケースであっても、利息制限法などの法令を律儀に守って、業者からお金を返してもらうことに固執し、解決を遅らせることが正義だろうか。私は法の枠を上回る利息を認めて業者と合意し、解決しても問題ないと思う。

なかには、

「悪徳サラ金業者に不当な利益を与えるとは何事だ。利息制限法に引き直した形で解決することこそ、代理人の使命だろう」

と考える人もいると思う。だが、依頼人は納得しているのだ。

法律が〝主〟なのではない。紛争の当事者にとってハッピーなのは、紛争の早期解決。法律は、そこにあとからついてくるものでしかない。

たびたび強調しているように、相互の主張と譲歩の組み合わせが交渉の基本だ。法律や就労規則、業界内のルールといった決めごとにやみくもにこだわり、交渉を混乱させるようなことだけは避けなければならない。

ただし、相手方の主張を引かせるうえで、法律に従うのがベストと判断できるならそうすればいい。

◎相手の矛盾はその場で必ず指摘する

たった一つの言い逃れを見過ごすと、相手方は際限なく言質を翻すことになる

ここで告白してしまうと、私だって交渉でせこいことはたくさんしている。オーケーしたことは反故にしていくし、責任転嫁も徹底的にする。

「今回の問題でまとまらないのは、まあ、結局はおたくのせいなんだよ」

ということをあらゆる手段を講じながら見せていく。おかしなもので、こちら側の譲歩

は譲歩とは言えないようなものであっても、それを提示するに至るまでの苦労を強調すればするほど、それにのらない相手方はおかしいんじゃないか、という空気がその場を支配していくことがある。オーケーを言わない相手方は、なんとなくおかしいという思いにとらわれていくのだ。これが仮装の譲歩を強調するというテクニックである。

また、人間同士の言葉のやり取りだから、当然、矛盾はある。相手方が言ったことを急に翻《ひるがえ》してくるような場合には、自分の矛盾は棚に上げ、その場で即、追及だ。

「あなた、それはさっき○○って言ったじゃないですか」

「いや、それは××という前提があって、○○をオーケーしたんです」

これは私もしばしば使う翻しの理屈だ。だが、相手方の発言である以上、認めるわけにはいかない。

私はいつも、

「そんな前提はさっきつかなかったじゃないですか」

「どこにそんな記録があるんですか」

「そんな前提を今更持ち出すのはおかしいでしょう」

「さっきと話を変えるんですね。あなたはそういう卑怯な人間なんですね」

などのセリフで相手方を攻める。

相手方の言うことに矛盾があると気づけば、その場で必ず指摘する。〝あとで〟とか〝そんな細かいことをいちいち気にしなくても〟という考え方はとるべきではない。たった一つの言い逃れを見過ごせば、そこから相手は自らの言質を際限なく翻していくことになりかねないからだ。

◎膠着状態を打開する方法

膠着したら紛争解決にどれだけ利益があるかを損得勘定でよく考えてみる

交渉で最悪なのは膠着《こうちゃく》してしまうことだ。お互いの要求がかみ合わず、平行線をたどるだけ。にっちもさっちもいかず、解決がいたずらに遅れていく。繰り返しになるが、紛争解決のための交渉ではまとめることがすなわち双方の利益。まとまらないことは不利益でしかない。

面子の問題があろうとなんだろうと、とにかく交渉が動かないで止まっているということはいちばんの問題。私たちのようなプロの代理人が交渉を膠着させるようなことがあれば、仕事の依頼はぴたりとやんでしまうことだろう。

交渉が膠着状態になったときは、だいたい相互の主張と譲歩の組み合わせという観点が抜け落ちていることが多い。

「そもそもこの問題は……」

「……すべきだ」

「……するのが筋じゃないのか」

といった〝そもそも〟論や〝べき〟論、〝筋〟論が幅を利かせてくる。お互いが、相手方の主張が間違っている、という議論を始める。こうなると難儀だ。

こうした議論ほど無益なことはない。交渉はもっとシンプルに考えたほうがいい、というのが私の考えである。バーターであり、物々交換というのがそれだ。

お互いの主張と譲歩のすり合わせというところまで、できるだけ早く立ち戻る手だてを考える必要がある。

今取り組んでいる紛争を解決することに、どれほどの利益があるのかをよく考える。ここは損得勘定で構わない。交渉は損得勘定の積み重ねである。

膠着状況を打開するために〝四九〟のリスクがあるとする。それでも〝五一〟のリターンが望めるのであれば、なんとかして相手方に譲歩し、交渉を続けるべきだ。

こちら側が絶対に譲れないものは何か、そして、譲ってもいいものは何かをもう一度しっかり考えてみる必要がある。二者択一という原点に返ることが肝心だ。

ただし、相互の主張と譲歩の組み合わせのときに、どう考えても埋まらない溝がある場合もある。どんな案件でも、すべて相互の主張と譲歩を組み合わせることができるというわけではない。

相手方が要求を一〇〇言ってきたときに、こちらの供給は一しかない。こちらが譲歩してどれだけ相手方に利益を積み立てていっても、相手方の要求は一〇〇のままで差が思うように埋まらないということになれば、正真正銘の膠着。交渉ではどうしようもないから打ち切るという判断をすべきだ。

その溝を埋めるデメリットを甘受してまで、紛争を早期に解決するメリットがないということだ。法的手続きを利用するなど、長期戦を覚悟する必要がある。

第3章

相手を思い通りに動かす戦術論

後手必勝、窓口の一本化、交渉場所設定……
術中にはめる交渉鉄則

◎交渉は圧倒的に後攻が有利

相手方の出してくる〝手〟が何かを見極めたうえで、自分の手を考えていく

交渉においては、先攻と後攻のどちらが有利なのだろうか。つまり、こちら側の言い分から相手に突きつけるべきか、それとも、まずは相手の言い分をじっくり聞くべきか。

何事においても積極的なタイプの人だと、先にこちらの主張をまくしたてて、交渉のペースを握ってしまったほうがいいのでは、と考えるかもしれない。しかし、これは大きな間違いだ。交渉では明らかに後攻が有利なのだ。まずは相手の話をじっくり聞くことからはじめたい。

身近な例を一つみてみよう。値引き交渉が可能な物、たとえばビデオデッキを買うシーンをイメージしてみよう。先攻型の客の場合、

客「このビデオ、一万二〇〇〇円に値引きできない?」

店員「お客様、この商品ですと、一万三〇〇〇円が限度のところです」

客「それじゃ、無理だよ。予算は一万二〇〇〇円なんだから。なんとかしてよ」

店員「いやー、これがいっぱいいっぱいなんです。他のお店でもそれ以上安くしていませんよ」

こんな流れで交渉はスタートする。これは、先攻した客が明らかに不利な流れだ。この後、店員は、さまざまなバリエーションで客と交渉することができるからだ。

「値引きはできないが、テープや付属品などこれだけおまけにつけます」

あるいは、客の予算が掛け値なしに一万二〇〇〇円だけだと判断できれば、

「お客様、こちらの商品ですと一万一〇〇〇円で、性能もほとんど変わりません」

などと展開していくことも考えられる。客から得た〝予算は一万二〇〇〇円〟という情報をもとに、店員には損にならないさまざまな条件をアレンジしていくことができる。

しかし、後攻型の客だとどうなるか。

客　「このビデオいくらまで値引きできる？」

店員「ご予算はいかほどですか？」

客　「予算はあるよ。それより、いくらにまで下げられる？」

店員「一万三五〇〇円に値引きいたします」

客　「そうか、それで限度？　もっと下がらない」

店員「わかりました。一万三〇〇〇円。それが限度です」

客「そう、それじゃ無理かもしれないな」

といった具合に、今度は店員にとって不利な流れとなってしまうのだ。客の情報がないまま、店員は交渉を続けなければならない。逆に客のほうは、店員が出す値引き額の情報をもとに、自分が得だと思う条件を提示しながら交渉を進めていくことができる。

「じゃあ、一万三〇〇〇円でいいから、おまけしてよ。プリンタのインクを切らしてるから、それつけてよ」

「これが一万三〇〇〇円なら、こっちの商品はいくらになるの?」

また、買わないほうが得だと考えれば、そうすればよい。

ここまでみてきて、この二人の客のうち、どちらが納得できる交渉を自分のペースで進めているかおわかりいただけただろうか。

どのような交渉においても、後攻、つまり後から条件提示をするほうが、選択の幅は広がるのだ。先攻を選んでしまうと、こちらの出す情報を前提に、相手方は自分には損とならない条件を設定できることになる。これは、相手方が完全に有利である。それなのに、先攻したほうは、先に相手方に言い分を聞いてもらったと、かなり満足感を得ているものだ。すでに相手方の術中にはまりつつあることには気づいていない。

　交渉術には、先手必勝という考え方はない。先攻は明らかに不利だ。常に〝後出しジャンケン〟で攻める。相手方の手は何かを見極めたうえで、自分の手を考えていくべきだ。

◎交渉の席で紛争の原因となった行為を責めない

非を責めてウサを晴らすより、相手の具体的な譲歩を引き出すための戦略に労力を使う

　紛争解決のための交渉で、一つ忘れてはいけないことがある。交渉の席で、紛争の原因となった行為自体を責めてはいけないということだ。

「なんで納期を守れなかったんだ」

「どうしてこんな事故が起きたんだ」

といった原因追及を交渉の現場で蒸し返すことは避けたい。

　確かに紛争がなければ、面倒な交渉など必要なかったはずだ。釈然としない気持ちが残ることは理解できる。だが、現場でそれをあげつらうことは交渉の進展にはなんらメリットがないこともまた事実である。

交渉の場を感情のはけ口とはき違えてはいけない。こちらが感情的になれば、相手のほうにも、感情的な反発が生まれるのは必至。悪くすると、交渉の本筋に入る前に、泥仕合へとはまり込んでしまう。

なかには、相手の非を責めることによって相手方には心理的プレッシャーがかかり、交渉を有利に運べると考える人もいるかもしれない。しかし、戦術的にみても、この作戦は得策とはいえない。

たとえば、こちらがある会社が起こした事故の賠償として二〇〇〇万円を取りたいとする。しかし、相手の会社は一五〇〇万円しか払おうとしない。そんなときに、その事故を蒸し返して、

「どうしてあんなことになったんだ」

「あんたがもっと注意してればこんなことにならなかったんだ」

と責めたところで、一五〇〇万円が二〇〇〇万円になることは絶対ない。

申し訳ないと思う気持ちと、金銭的な譲歩とは別問題なのだ。これは特に、こじれた案件では顕著だ。

こちらの目的は、ウサを晴らすことではなく、金銭的な賠償といった、具体的な相手の

譲歩を得ること。それらを引き出すために、こちら側の譲歩や戦略を考えるほうがはるかに建設的だ。

◎相手方の窓口は必ず一つに絞る

交渉の相手は本人でなくてもいいが、一人に全権委任であるということを明らかにさせる

相手方の交渉の窓口は必ず一つに絞る。これも鉄則の一つだ。

窓口を複数化してしまうと、相手方の言うことがてんでバラバラになってくるものだ。Aさんからは一応合意がとれても、Bさんがひっくり返してくるという事態が想定される。これは面倒だ。

よくあるケースを挙げておく。当初は紛争の当事者である女性と交渉していたが、そのうちその女性の夫が口を出してきて、そうこうしているうちに今度は息子まで登場。そんなこんなで話はいっこうに進まず、グチャグチャになってしまうというパターン。こんな無意味な状況を避けるためにも、私は複数の窓口を認めないことにしている。

直接の交渉相手は別に本人でなくてもいい。家族だろうが、友人だろうがだれでもいい

のだ。しかし、その場合は一人に全権委任であるということを明らかにしてもらうようにしている。委任状も出させる。交渉の過程で窓口氏に代わって第二、第三の人物が出てきたとしても絶対に応じない。

「あなたにはどういう権限があるんですか？　本人でも代理人でもないですよね」

と確認して、あくまでも窓口とだけ話をする。

企業のような組織相手の交渉だと、一番力の強い人物が窓口になることが多い。

私の印象としては、本人ではない者が入っている交渉は御しやすい。交渉においては自分の問題として切実に考えられるかが一番大事だ。本人以外ではその点が希薄になってくる。要求にしても、ゆるくなりがちなのだ。

私自身もいつも自分に言い聞かせていることが、その交渉案件を自分自身の問題として考えろ、ということだ。

「自分のことじゃないし。いいや」

という感情が入ると、その後の展開は実になまぬるいものに落ちていく。特に普通の弁護士なんかが入ってくると、ゆるゆるだ。

◎〝誠意〟という言葉のワナ

「誠意を見せろ」と言われたら、具体的に問い詰め、相手を交渉のテーブルに引き戻す

「誠意を見せろよ」

　交渉の現場で相手方がこう言ってくることがしばしばある。相手方の〝誠意〟という言葉は、交渉に携わる人間にとって絶対にかわさなければならないものだ。

だいたい誠意という言葉が出てくる状況では、どんな案件であっても相手方はほぼ一〇〇パーセント追い込まれている。交渉の最後のまとめの段階に入っているときに、理屈で詰まってくると、こんなことを言い出すものなのだ。特に大阪では、最後になってゴネ始める相手方の百人中百人が口にする言葉でもある。

「誠意を見せろ」と言われたとしても、「誠意ってなんですか？」などと反論してはいけない。これでは泥沼である。交渉の場は議論をするところではないのだ。

　相手の狙いは、交渉のテーブルからいったん降り、〝心ある対応をしろ、もともとあんたらが悪いんだろ（責任があるんだろ）〟といった蒸し返しの議論をすることにある。

こんな議論に引っかかっては、交渉の進展を妨げられる。そのためにも、誠意を見せることの本質的な議論は避ける。その話は無視するということだ。

それでも「誠意」「誠意」と言い募ってくる相手方にはこう言うといい。

「あなたのおっしゃることはよくわかります。ただ、誠意には形がありません。人によってとらえ方は実にさまざまです。人間が百人いれば百通りの倫理観があって、百通りの誠意があります。そんな多様な誠意について各人が言いっぱなしの状態にしたら、世の中が混乱するだけです。そういう理由で最低限の誠意を定めたものが法律なんですよ」

そして法律の話に引きずり込む。あるいは、こういうセリフもよく使う。

「あなたはさぞや誠意をおもちなんでしょう。私なんかよりもよほど徳の高い人なんですね。あなたのような徳の高い人に対して誠意を見せられない私どもは徳の低い人間ばかりなんでしょう。徳の高い人同士の交渉ならば、誠意を見せろなどということもないんでしょうね。

徳の高い低いは、最終的にそちら様の心の中の問題です。徳の高い人が低い人に対して『低い』と思われるのは自由ですから、私のことを徳の低い人間だと思いたいのであれば、どうぞそう思ってください」

避けるべきなのは相手方の「誠意を見せろ」という言葉にストレートに反応してしまうこと。誠意をなんとか示そうとして動く人が実に多い。この点については厳しく戒めておくことにする。交渉の過程で相手方に誠意を見せるために、担当者がなんらかの形で動く必要は一切ない。相手方が誠意という言葉を使ったときは、その言葉を本来の交渉の、具体的な内容に引き戻す作業を必ずするべきだ。

それは、金銭的なものならいくらのことなのか、他の要求であるなら、具体的にどのようなことなのか。それらを明確にし、交渉のテーブルにのせ一つひとつ検討し、つぶせるものはつぶしていけばよい。

◎場所の設定からすでに交渉は始まっている

交渉の場はホーム＝自分のオフィスが一番。
最悪でも中間地点か公共の場にする

交渉を行なう場所で一番好都合なのは、自分のオフィスだ。

どういう理由があろうとも、先方の領域で交渉するのは大変である。一言で言えば、不利なのだ。ましてや、被害者を相手方とする交渉のように、相手方が最初から有利なポジションを確保しているような場合であればなおさらである。

サッカーの試合では、ホームアンドアウエーという対戦形式をとることが多い。お互いのホーム（本拠地）で一試合ずつ試合を行ない、雌雄を決する。ホームの側は、地元サポーターの絶大なる声援を受けて闘う。その分だけアウエーのチームより有利だ。そこで公平を期すために生まれた形式である。

サッカーと同じように、交渉にもホームとアウエーはある。アウエーでの勝負は、その環境だけですでに不利。たとえば、相手方を徐々に追い詰めていく段階を考えてみよう。かたわらに仲間がいて、ときどき知恵を貸して手助けをされれば、なかなかうまくいかない。

まったく勝手のわからない場所というのは心理的プレッシャーもかかる。部屋に通されても、どこに腰をかけていいかもわからない。

「こちらでよろしいですか」

と声をかけて座ることになる。もし、トイレに行きたくなったらどうだろう。私は基本的に、相手方の事務所ではトイレをけっして使わないようにしているが、それでも必要となった場合は、

「トイレを貸していただけますか。どちらでしょう」

と言うしかないだろう。些細なことと思われるかもしれないが、このようなやり取りをしていたら、いざハードな交渉をしようとしても、その攻め手はいくぶん鈍る。

また、ほかの仕事も抱えている身としては、わざわざ出かけていく時間と手間も考えなければならない。

交渉ではアウエーでの勝負はできるだけ避けることだ。場は、やはりホームが一番。最悪でも、双方にとってニュートラルな中間地点か公共の場にすべきだ。中間地点というのは、文字どおり両者の地理的な中間のあたりにある喫茶店など。もちろん、相手方の親族や友人が経営しているような店はダメ。公共の場とは、だれでも利用できるオープンなスペースのことだ。最もポピュラーなのはホテルのロビーである。公共の場で交渉を行なうことには隠れた利点がある。相手方が激高したとしても暴力的な行為に出にくい。周囲の目を気にしながら、少なくとも表面的には紳士的に言葉を交わすことになる。この点、相手方のホームでは、いつ威嚇されてもおかしくない危険が伴うことになる。

交渉は、一般に、お互いに平等な立場で話し合いに臨むからこそ成立する。初めから、どちらか一方が明らかに優勢である場合、それは交渉でもなんでもなくなる。

さまざまな口実を並べ、ときにはうそをついてでも、相手にはこちらに来てもらうようもっていくことが大切だ。

◎当事者意識こそが交渉を解決する

担当者には全権を与え、自分の問題として取り組ませることこそ大切

交渉において代理人を選ぶ基準はただ一つ。自分のこととして交渉に取り組んでくれる人であるかどうかだ。

確かに代理人は一般的に、第三者的な目で物事を見られる冷静沈着な人といったイメージをもたれがちなところがある。だが、もっとも重要なのは、我がことのように依頼人のことを考えて交渉してくれる姿勢である。理想を言えば、そこにプラス第三者的で冷静な判断能力があればさらにいい。

代理人の仕事は交渉ごとに審判を下すことではない。依頼人の判断が正しいか間違いかというジャッジをする立場にはないのだ。これは見落とされがちだが、重要な点である。

余談だが、今の刑事裁判制度では検察官や弁護人が本来の分を越えてジャッジを行なっ

ていることに問題があると私は考えている。検察官が起訴すべきかどうかを判断したり、弁護人が被告人の供述の真偽を判断したりする必要はどこにもない。検察官はどんな事案でも起訴し、弁護人はどんな事案でも被告人の供述を代弁する。お互いが一方的に片方に加担することが本分であろう。そして第三者的な立場である裁判官がジャッジすることによって真理が見える。これが本来の姿ではないだろうか。

代理人も同じこと。正しいか間違いかの判断より、とにかく本人になりかわってベストを尽くすことこそが本分である。

代理人は依頼人のためにどれだけ汚れられるかが勝負どころ。悪評が立てば立つほどいい代理人とも言える。悪評といっても、本人になりかわって悪く言われるということだ。

メジャーリーガーの代理人として活躍する団野村さん。彼が現ドジャーズの野茂英雄投手の代理人になったことで、野茂投手のインタビュー取材のギャランティーが上がったという。代理人としてはこれ以上名誉なことはない。

野村さんが交渉に入り、依頼人である野茂投手の経済上の利益が上がる。しかも、そこで野茂投手は一切自らの手を汚してはいない。〝金にうるさい〟という悪評が立つとすれば、それはすべて野村さんに向かうことになる。

ビジネスの世界での交渉担当者も、交渉代理人と同じだ。交渉の担当者は全権を与えられ、すべての判断・決断をゆだねられていることが大切だ。そして、交渉に対してどれだけ自分のこととして切実な気持ちで取り組めるかが、交渉結果の成否を分ける大きなポイントになるのだ。

◎面談の終了時間を決めて臨むな

面談の終了時間を決めて交渉に臨むと、それが弱点となり、相手につけ込まれてしまう

交渉にいったん入ってしまうと、終わりの時間はまず読めないものだ。相手方のパーソナリティーや問題の性質、場所、時間帯などさまざまな要因が絡まり合って、いつ終わるかは不確定になる。

ましてやテーマが紛争の解決であれば、テーブルに着いた段階では、お互いに相手方のあらゆるところが気にくわないという状態。きちんと交渉すれば、三時間、四時間かかることもざらである。紛争の当事者が多くなればなるほど、それだけ複雑になっていく。一方で、早ければ、三〇分足らずで終わることもある。相手方次第というところが非常に大

きい。

私の場合、終了時間が不確定ということを見込んで、終わりが何時になってもいいように、交渉面談は一日のスケジュールの最後に入れることにしている。

交渉の終わりの時間を予測するのは無理。これは不可能だ。

仮に時間の制限のある面談があるとすれば、交渉の担当者が本当の意味で当事者になり切れていない証拠。自分が紛争の当事者であれば、時間がどれだけかかろうが関係ないというのが、交渉の真実である。そんな当事者意識の希薄さを相手に読まれたとしたら、反発は避けられないだろう。すでに述べたとおり、紛争解決には、交渉人の当事者意識が絶対欠かせないのだ。

解決の期限を決めると、交渉ではそれだけで不利な要素を抱えることになる。とはいっても、交渉に当たるのは多忙なビジネスマン。

「どうしても○時までには社に戻らなければならない」

という十字架を背負って、交渉の場に臨むこともあるだろう。そんな場合でも、

「今日は○時までに終わらせたいと思っておりますので、どうかよろしくお願いします」

とすんで口にしてしまってはアウトである。

「あんた何言ってんだ。どうせ片手間に、仕事だからやってんだろ。そんなヤツとは話もしたくない」

と決裂するのがおちだ。相手がテーブルに着いたとしても、〝時間〟が最大の弱みであると、わざわざ自分から相手方に教えてやっているに等しい。いざ、交渉を始めてみると、相手方にのらりくらりとかわされ、時間間際になって、「○時までに終わらせる換わりに、こちらの主張をのんでもらいたい」と譲歩を迫られるということになりかねない。

こういう場合はテクニックを用いる。相手方に時間の制限があるということを悟らせずに、なんとか時間内に終えるのだ。それでもやむにやまれない場合は、大義名分を使う。私の仕事で言えば、裁判とか、刑事事件の接見といったやむにやまれないと認識してもらえる理由を挙げて切り上げることはたまにある。

この場合の理由は、社会的な通念や常識とはまったく関係ない。目の前にいる相手に、共感してもらえるものでありさえすればオーケーだ。

相手方が属する企業や業界、職種に共通する価値観をつかんだうえで、大義名分に訴える。たとえば、相手方がアウトローである場合。懲役に行っている仲間への差し入れは、何にも増して重要なものと認識されている。彼らとの話を切り上げるには、取引先とのミーティングがあるとか、長期の出張に出る準備があるといったビジネスライクな理由よりも、依頼人に差し入れに行くからと言ったほうがはるかに通りがいい。今携わっている交渉の相手方が、納得できるような理由を考えることだ。

絶対にやってはいけないのは、私的な理由で交渉を打ち切ること。

「私の勤務時間は○時までなんで、ここで終わらせてもらいます。今日は定時で退社すると会社にも以前から伝えてありますんで」

まったくの論外である。業務のにおいが相手方にまで伝わってしまうと、交渉は必ず暗礁に乗り上げる。仕事であって仕事でないという姿勢で取り組まなければならないのだ。当事者としての立場や責任感を示す必要がある。場合によっては、土日祝日だろうがお構いなしに席に着く覚悟が必要だ。

◎相場観をもとに具体的なゴールを設定する

相場観によって決着を予想し、目標を立ててから交渉に入っていく

交渉を進めていくうえで必要不可欠なものに〝相場観〟がある。これがなくては、詭弁

術もレトリックも効果を発揮しようがない。

たとえば、離婚の慰謝料なら、個々のケースでだいたいいくらくらいの金額で落ち着くのか。そのラインを読める力は、交渉人として非常に強力な武器である。私なら、依頼を受けた段階で、あらゆる紛争のおおよその落としどころは見える。弁護士として当たり前のことだ。これもこれまで名うての交渉師たちと渡りあってきた経験のたまものである。経験というデータベースにある数字と、相手方の欲しているであろう要求額を勘案して最終的な落としどころの額をはじき出す。

ただし、相場観は一朝一夕に養えるものではない。私も、もめごとをまとめるうえでの落としどころなど、最初はまったくわからなかった。だが、本来ならば一億〜二億円で解決させるべき依頼を、一五〇〇万〜二〇〇〇万円だと取り違えているようでは問題だ。決着の予測ができなければ、目標が立たない。目標がなければ、交渉の始めようがないのだ。

これはビジネスにおける交渉でも同じことである。だれしも最初から相場観などもち合わせてはいない。先輩や上司の交渉の進め方を端で見ながら、あるいは経験談を聞きながら勘を養うものだ。

もしあなたが不慣れな事案を担当し、その相場や決着までの道筋が見当もつかず、少しでも不安を感じているようであれば、情報収集をすることをお勧めしたい。学生時代の友人や同業他社の知り合いなど、さまざまな人脈をたぐれば、いくらかの情報はそろうだろう。

いちばんよくないのは落としどころもみえない段階で、とりあえず相手の出方をうかがうといったスタンスで交渉に入ってしまうこと。これはいたずらに交渉を長期化させるだけだ。

また、どんな交渉でも落としどころは、相手方には絶対に秘密。トップシークレットだ。代理人である私の腹の中にとどめておく。

依頼者と私とで落としどころを決めておけば、交渉の席で相互の主張と譲歩を振り分けるときの明確な基準になる。

「落としどころは『賠償金五〇万円』。依頼者は六〇万円を要求しているから、こちらの主張を通すには、ほかのところで強く譲歩する必要がある」

というふうに、交渉全体の構図を明らかにし、交渉の立ち上がりをスムーズに迎えることができる。

◎交渉開始前にまとめておく四つのポイント

相場観には四つのポイントがある。ポイントに沿って事前に考えをまとめておく

ここで押さえておきたいことが一つある。私がいくら相場観を有していても、相手方にはそれがまったくないということだ。そもそも相手方に、「○円での解決が相場ですから、ここは折れてください」と言ってもムダである。相手方に私と同じ相場観がなければ意味がない。

私の言う相場観には、

① 今回の紛争に対する私なりの分析
② 交渉がまとまらず裁判になったときの決着
③ 腕利きの示談屋が介入した場合の慣習的な決着
④ 今回の交渉の相手方が望んでいるであろう決着

という四つの観点が含まれている。

特に、④は大事だ。相手方がどうしても二〇〇万円を望んでいるのに、勝手に一〇〇万

円で済む話だと決めつけてしまう。こんなものは単なる独りよがりで相場観でもなんでもない。

ビジネスマンの方にとっても、以上の四点は、交渉前にまとめておく必要のあるポイントだ。

③については、業界の慣習的な決着とも言い換えられるかもしれない。また、②については、一般的なビジネスマンの方にとっては、なじみのないものかもしれないが、法廷闘争も考えられるような交渉においては最大の基準となる重要なものだ。裁判だと、どのような決着が予想されるのか。そしてそれは交渉による解決と比べ、どちらが得なのか。そんな検討が必要だ。そのためには、一般の方も積極的に弁護士を利用して、専門家の意見を聞くべきだと考えている。

さらに言えば、〝交渉しても無意味ではないか〟という判断もすべきだ。この要素を含むため、私の言う相場観は、右の四点よりもやや広い意味であることに注意してほしい。

自分が属する業界や地域の慣習、相手方の企業風土やこれまでの経緯などから、紛争の落としどころをいかに読むかが大事になってくる。

◎対組織の交渉を成功させるターゲットの絞り方

対組織の交渉では相手方の組織がどういうタイプなのかを知ることが決定的に重要

対組織の交渉の場合、トップの権限が強ければ強いほど交渉はやりやすくなる。中小企業のオーナー社長。創業者でワンマンタイプのやり手。こういうトップをかついでいるような会社なら、意志の疎通は実に簡単である。

攻めるターゲットを社長一人に絞ればいいからだ。賠償の金額にせよ、妥協案の可否にせよ、ターゲットであるトップが納得する形にもっていくことだけを考えればそれでいい。

これが多数決主義、民主主義を重んじる組織になってくると、相手方が満足することを見つけるために、いろいろな要素を考えなくてはならない。複雑になる。

抜きんでたリーダーがいない。トロイカ体制で複数の役員の実力が拮抗している。何事も会議で決するが、もめにもめる。この手の企業が相手となると、ちょっとややこしいことになる。

こういう場合は、窓口を特定し、相手方の決定権者はだれなのかをはっきりと見定める作業が大事になってくる。そのうえで決定権者に決断をうながし、組織の決定がくつがえらないように追い込んでいく。

相手方の組織がどういうタイプなのかを知ることは、その後の交渉をスムーズに進めていくうえで決定的に重要なポイントだ。相手方との直接的な接触や、その他の情報収集などを通じてなるべく早く、正確に相手方の組織の全体像をとらえる必要がある。

よく陥りがちなのが、相手方の組織の見立てを間違って膠着状態になってしまうというミス。民主的な組織なのに形だけのトップにターゲットを絞ったり、ワンマン型なのに複数の幹部のご機嫌をうかがったりすることはロスであるばかりか、交渉の行方を誤らせることにもなりかねない。

対組織の交渉ということでもう一つ。〝行政〟を相手にした交渉について触れておく。

結論から言う。行政とは交渉しないこと。これに尽きる。

業種によっては、役所と密接なつき合いがある。そういう業界に属しているビジネスマンの方はよくご存じだろう。だが、普段の仕事では役所とまったく接点がなく、トラブルの際に初めて役所と接触するといった人も多い。きっと面食らうことだろう。

中央官庁から市区町村の役所（役場）まで、全国には多くの役所があり、役人がいる。

だが、彼らを交渉相手と思ってはいけない。先例と法令がなければ、金輪際、テコでも動かないのが行政である。機械のようなものだ。

行政に不満があっても交渉の余地は皆無である。現場に裁量もなければ、融通も利かず、情も通じない。それを知らずに交渉しようとすると、いらだちだけが残る。

一般の企業のような意志決定に関わるキーパーソンや決定権者は行政にはいない。しいて言えば、先例と法令がそれに当たる。

行政を相手にしてトラブル解決をはかるには、直接交渉する以外の働きかけを考える必要がある。

一つは司法。たとえば、"三権"のほかの二つを使う方法がある。裁判所に行政訴訟を申し立てる。ただし、裁判官もまた公務員であることを忘れてはならない。

要するに、行政訴訟では裁判所はどちらかというと、行政を重視した判断を出すことが多いのだ。

もう一つは立法。国会で新しい法律を通して、行政を動かす。

アメリカにはロビイストと呼ばれる人たちがいる。彼らは圧力団体の代表である。議員や政党に働きかけ、自分たちに有利な法律を通そうと活動する。彼らの動きを参考にして、立法活動に関与してはどうだろうか。

最後に行政を動かす奥の手を紹介しておこう。それは〝裏の世界〟の力を借りること。つい最近でも、役所がヤクザや右翼の発行する機関紙を公費で買っていたことがメディアで報道されたことがあった。

どうしても行政を動かしたいというのであれば、それしかないのが現状だ。法律おたくの役人たちの神通力も、法令や先例などまったく意に介さないアウトローにはまったく通じない。

◎明らかに交渉での解決が不可能な問題とは

交渉にのせてはいけない問題を交渉以外の方法で解決することも大事なスキル

交渉術以前に、交渉人が体得しておかなければならない大事なスキルがある。

解決しようとする紛争が、交渉に向くか向かないかという点を判断できる力だ。これは、交渉開始前にまとめておくポイントとして、一二八頁でも触れたものである。もちろん、この問題は交渉で解決できる、これは無理というふうに、きれいに割り切れる問題ばかりではない。ただ、どんな事案でも交渉の俎上にのせればなんとかなるという考え方は明らかに間違いである。

交渉にのせてはいけない問題もある。そういうケースでは、交渉によらない解決法をとることを決められる力も、交渉術と同様に大事なスキルである。

明らかに無理筋の事案とはどのようなものだろうか。

ここはわかりやすく、金銭交渉の例を挙げてみよう。共通の言語をもつ相手方と、論理的な金銭交渉を行なった最終段階では、双方の解決希望額に五倍以上の開きがあれば歩み寄りは非常に難しくなってくる。二〜三倍程度のギャップであれば、まだ妥結できる可能性が十分あると言える。

ここで注意しておきたいのは、交渉の初っぱなに相手方が提示してきた金額の多寡に惑わされてはいけないということ。いっちょうふっかけてやるかとばかりに、なんの根拠もなく高額な解決金を相手方が示してくる場合があるからだ。あくまでも最終段階の開きで判断する。

目先の金額の大きさに目を奪われる必要はない。場当たり的な解決希望額とのギャップを埋めるのはむしろ簡単なことだ。いくらでも詰められる。事実、当初は〝一億円よこせ〟とふっかけていた相手との交渉を、最終的には一〇万円でおさめた経験もある。

だが、交渉の最終段階になったときに、お互いに裁判例や業界内での過去の解決例などの根拠をもって出した数字に、大きな差があると埋めるのは容易でない。ここまでくると、お互いの価値観や哲学の差というレベルになってくる。交渉の技術だけでなんとかなる話ではないのだ。

交渉というカードはけっしてオールマイティーではないということを知っておいてほしい。

現場で交渉の経験を積み上げていけば、力は確かについてくる。自分で解決できる交渉の分野やレベル、範囲を広げていくことは可能だ。しかし、無限ではない。交渉に向かない案件を向かないと見切るだけの力も含めて、ワンパッケージの交渉力と言えるのではないだろうか。

またこれは論外だが、いきなり相手方に首根っこをつかまれて、

「今、ここで、俺の見ている前で指をつめろ。そうじゃないとおさまらん」

と言われたとき。あるいは、

「能書きはいらん。現金を早くもってこい」

と言われたとき。いずれも非常にレアケースだが、私が実際に経験したことだ。

もちろん、一般のビジネスマンがこういったキャラクターの人と交渉することはまずないだろう。だが、こんな相手との交渉になど応じられない。ほかの手段（この場合は法的な手続き）によって解決していくことになる。

◎問題先送り型解決の弊害

交渉によって最終的に問題を解決すれば、相手との間に新たに大きな信頼を獲得できる

私のように代理人交渉を生業としている弁護士の場合、もめごとがいったんまとまれば、依頼人にも相手方にも再び会うということはまずない。だからこそ相手方にせよ、依頼人にせよ、全力でぶつかれるところがある。少々きついことを言ったとしても、あとあとまで尾を引くことはないからだ。

ところが、多くのビジネスマンが仕事のなかで行なう交渉ごとの場合、やや事情が違ってくる。もめごとを解決するという点では同じだが、相手方は取引先や顧客であったりする。今後も一緒に仕事をしていかなければならない場合も出てくる。

そこで、日本型の解決法をとろうという力が働く。問題が起きても、なあなあで済ませ、抜本的な解決は先送りしてしまおうというものだ。

ただ、すでにたくさんの人が気づいているように、この解決法はけっしてよい未来につながるものではない。将来、同じような問題が生じた場合にも、またなあなあで済ませるのだろうか。

私の交渉とビジネスマンの交渉は違うということは認めつつ、あえてアドバイスするとしたら、こうなる。なあなあの解決をはかろうとするのは、おそらく相手方に気に入られたい、好かれたいという気持ちがあるからだと思う。上司や同僚、取引先との人間関係にことさらひびを入れたくないという考え方がベースにあるのではないだろうか。

であれば、なおさらシビアに交渉することをおすすめしたい。交渉の過程ではぎくしゃくすることもあるだろうが、最終的に解決にこぎ着けることに意味がある。直面している問題を解決したことによって、新たに獲得できる大きな信頼が必ずある。それは、なあなあの関係によって維持される信頼よりも、強固で確実なものだと私は思う。

感情的なものを取り除いたところでの厳しいやりとりを行ない、互いの主張と譲歩を明確に提示しあう交渉では、遺恨が残らないのではないだろうか。どこか感情的でなあなあの解決こそ、決着に不満や感情的しこりを残すと思える。

グレーゾーンを残しながらのあいまいな決着ではなく、白黒をはっきりつけることのメリットをぜひ身をもって体験していただきたい。

交渉による明確な解決は、思わぬ副産物ももたらしてくれる。交渉の結果、基準をはっきりさせることで、次にまた同じような問題が起きたときの解決が簡単になる。さらには、この基準には新しい問題の発生を予防する効果もある。

「○○商事さんとは、先月、仕入の個数でトラブった。でも、交渉の結果、仕入に関しては、前の週に担当者間で打ち合わせることに決めた」

このようにきちんと基準を示しておけば、将来、紛争が生じる心配はまずない。

すでにお気づきかもしれないが、この基準のなかで、最もパブリックなのが法律である。紛争解決の基準を法的に明確にしておくのは、起こった違反を罰するという意味ももちろんある。だが、違反をそもそも起こさせない効果も見逃せない。

もっと言えば、なあなあの解決をしているかぎり、たとえば、上司がそのときどきの思いつきで部下の行動にイエスやノーを出すといった事態も起こる。こんなイージーな運営よりは基準を明確にしておくほうが、組織をうまく回していけるのではないだろうか。

◎法務担当者にすすめる的確なトラブル処理の仕方

「私が最後に決断する決定権者」と言い切って、相手方につけ入るすきを与えない

企業の法務部や総務部がいちばん気を遣うのは、企業間の交渉よりも、総会屋とか右翼関係者などとの折衝だ。同じ業界同士の交渉などは代理人を通せばいい。ある程度共通言語をもつ者同士の話し合いだから、非常にやりやすい。

アウトローが相手の当事者間交渉では肩書は通用しないし、お互いに共通言語もない。力と力のぶつかり合いである。こういう場合は、交渉を〝自分の問題〟として考えることが大事だ。〝会社の問題〟という態度を相手方に見せてしまうと、

「お前の腹が痛まないのなら、金を出せ」

という話になってしまう。

サラリーマン体質の法務担当者、総務担当者が必ず口にするお題目がある。

「最終的には上が判断する問題ですから。私には決裁権がないんです」

「この件については私の判断だけでは決せられません」

こういう不用意な発言は、総会屋や右翼につけ入るすきを与えることになる。彼らは、「お前に最終的な決裁権がないなら、上司を出せ」

と言ってくるだろう。そうではなくて、

「私が最後に判断する決定権者です。私が『こうだ』といったん決めたら、これ以上会社が動くことはない」

と言い切る。でないと、徐々に相手方にペースを握られてしまう。

あとは、当事者とのタフな交渉に耐えるだけの力をもたないといけない。

学校を出て就職してしまうと、自分の仕事や興味・関心の外にある物事に目を向ける機会は激減してしまう。確かに、普通のビジネスマンが総会屋や右翼と話すチャンスはないだろう。だが、会社という鳥かごを飛び出して、いろいろな人にもまれる経験はぜひともすべきだ。いつも同じ上司や同僚、部下と飲んでいるだけでは、とっさの判断力や直感は鈍っていくだけである。

総会屋・右翼の実力者は、人間的な経験値・交渉能力ともに並みのビジネスマンをはるかに上回る。最終的には、法務や総務に彼らと渡り合えるだけの人間をあてるか、強力な代理人に依頼するかしないと対抗できない。極論すれば、事件屋をヘッドハンティングしてマネジメントするくらいの措置が必要だと思う。少なくとも現状よりはベターだ。

◎交渉を優位に運ぶ雰囲気づくり

交渉に臨む場や環境は重要。ハード面をきちんとすれば交渉の中身にも好影響がある

私の事務所は、大阪での交通の便という点では、交渉の場として最適とは言い難い。一般に法律事務所は、弁護士が一番仕事がしやすい裁判所の近辺を最優先するからだ。だが、場所以外の点では、私なりにいろいろと神経を遣っているところがある。そうしたこだわりをここで公開してみよう。

二昔ほど前までは、法律事務所といえば、裸電球に机だけ。質実をもってよしとするようなところがあった。確かに法曹界の人間とだけつき合い、裁判業務に特化して業務をこなしているような弁護士であれば、そんな事務所で十分だと思う。

だが、私の事務所は違う。紛争の当事者たちが連日やってくる。彼らははっきりとした目的をもった相手である。当然、事務所の内装やインテリアもおざなりでいいというわけにはいかなくなる。弁護士が事務所にお金をかけるのは褒められたことではない、といっ

た考えにとらわれている人もいまだにいるようだが、私は事務所の雰囲気にはいつも気を配っている。もめごとを解決する交渉をするうえで、環境は大事だと思うからだ。

応接室はやはりきちんとしたものがいいし、テーブルは清潔なほうがいい。いすがよくないと雰囲気を損うことがある。書架は華美でなくても、質のいいものにしたい。

第一線で活躍するビジネスマンでも、何百億円が動くような大きな取引の話を、安居酒屋で焼鳥をほおばりながらすることはないだろう。それなりのランクのホテルの一室くらいは押さえるものだ。それと同じで、交渉の場や環境はけっして軽視できるものではない。

交渉をするにあたって、そういうハード面に考えが及ばない人も多いようだ。外資系や大手の法律事務所では、最後に契約を成立させるクロージングの手続きを行なう際、事務所のすべての部屋のなかでいちばん見晴らしのよい一角を使う。高層ビルの上層にある事務所なら、ガラス張りで日当たりがよく、調度にもふんだんにお金をかけているような部屋だ。

東京のある法律事務所では、会議室や応接室に備えてある鉛筆や消しゴムはいつもまっさら。一度使ったものはすべて新品と取り替えるのだという。徹底した精神を感じさせる。

そこまではしなくても、来訪者の立場に立った美観には気をつけたほうがいいだろう。

応接室のテーブルは、来訪者が帰られるごとに必ず洗剤で磨く。手垢などもってのほかだ。茶器も同様。来客用はそれなりの品を用意する。

みてくれだけをよくすればいいとは思わない。だが、人間の心理にはそういったものも微妙に反映するのは間違いない。

来訪者とのコンタクトにも注意したい。最初は電話で始まることが多い。電話の応対がすべてといっていい。いちばん慎重で、注意を払わないといけないものだと思う。電話口での、

「お世話になっております」

という一言が相手方にとってどれだけの好印象をもたらすか。紛争の当事者同士だからこそ基本はきちんと押さえておくべきだろう。

私の事務所で実践している一例を挙げれば、お客さんであれ交渉の相手方であれ、
①　来訪者に対しては、事務所の全員が起立で迎える
②　来訪者があれば、電話中などの例外を除いて仕事の手をいったん休めて迎える
③　来訪者に出したお茶は、一時間が経過した時点で必ず替える
などだ。

たとえば、あなたの会社の若手社員が、交渉で訪れていた相手方に「お疲れさまです」と声をかけたとする。それだけで相手方から、

「お、この会社はずいぶんと礼儀がしっかりしているんだな」

という反応が返ってくる。これは必ず交渉の内容にもプラスをもたらす。

相手方が、スタッフの応対というしょっぱなのところで気分を害してしまうと、あとあとまで尾を引くことになる。これではつまらない。

◎体力、精神力もかけひきの重要な要素

交渉上手には、とにかく動き回れる体力とどんな相手とでも一対一で話せる精神力が必要

若手の弁護士が、今、私のもとを訪ねてきて、

「紛争を解決する手段としての交渉をやっていきたい。どうすればいいですか?」

と相談されたら、どう答えるか。

一にも二にも体力をつけろ、と答える。これがないと交渉関係の業務はやってはいけない。スケジュール一つとっても、裁判のように時間が決まっているわけではない。相手方

とある程度妥協した時間に行なうことが一般的だ。深夜になることもある。

場所にしたところで、ホームアンドアウエー。全部ホームでできるわけではなく、アウエーや中間地点に行かないといけないこともある。とにかく動かないといけないことがたくさんある。だから、まずは体力。

交渉相手との話は、長さに明確な制限がない。裁判だと長くても証人尋問などの二時間程度。裁判では、交互に話し、聞く時間が設けてある。ペースの配分も比較的簡単だ。

交渉の席での話は、ボクシングで言うところのカウンター狙いがほとんどである。相手の話を聞きながら、少しでも弱みをみつけたらそこを突いていく。集中力と反射神経が要求される。やっぱりタフであることが第一条件だろう。

それともう一つ、相手方がたとえどんな人間であったとしても、対面して一対一で席につけるか、という精神的な強さの部分。

私もそれは確かに怖い。そもそも席につくことすら怖いというような事態は、大学教授の〝交渉術〟では想定していないだろう。研究者のように、いろいろと論評したり、コメントしたりすることは簡単だが、現場ではそんなものはなんの役にも立たない。恐怖感を克服するには、ともかく場数を踏むことだ。

私に関して言うと、学生時代に取り組んだラグビーで鍛えられた。同じ人間と人間、一対一、マンツーマンでどこまで強くなれるか、ということが大事だ。

私の場合、常時、二〇〇件ほどの交渉ごとを手がけている。一つの折衝が終わると、すぐに次に取りかかるということも珍しくない。そういう点でもタフさは欠かせない。

いつも万全の体調、フルパワーで仕事に取りかかれるかというと、そうもいかないのが現状だ。もちろん、だからといって手を抜くという意味ではない。疲れが残っていると頭が働かなくなる。これはてきめんで、自分でもすぐにわかるほどだ。

では、どうしているか。〝かわす〟技術を覚え、活用するようにしている。数多くの交渉に携わっていくと、相手方にガンガン怒鳴られながら、それも不要なことは右から左に聞き流せるようになってくる。相手方と電話で話しながら、違う事案の資料を探す、ときにはパソコンで書面を打つという芸当も結構やっている。

全部を全力で受け止めない、かわす、といういい加減さもときには必要だ。全部の力で一〇〇パーセント受け止めようとしても、あとでへばってしまうだけ。

その程度のかわせる力がないと、とてもじゃないが交渉なんてできない。これもタフさの一種と言えるだろう。

第4章

自分の土俵に引きずり込む話術のポイント

言い訳、うそ、責任転嫁……
攻撃をかわし、相手をたたみ込んでいく実戦論

◎ピンチを切り抜ける言い訳とは

言い訳は相手方の価値観や重視するものによって使い分けると効果的

交渉の過程では、どのような言い訳なら許されるのだろうか。私は、場合によっては、〝うそ〟も含めた言い訳が必要になってくると考えている。

自身のミスから、突然窮地に陥ってしまったような状況では特にそうだ。ここで正直に自分の過ちを認めたところで、なんのプラスにもならない。相手は気分を害するだろうし、今後の交渉の場においても、相手優位のバランス関係をつくってしまうだけだからだ。

具体的な例でみてみよう。たとえば、私が交渉の待ち合わせ時間に遅れたときは、

「すみません、裁判所で刑事上の手続きに思ったより時間がかかってしまって」

と言い訳することが多い。実際は、前の交渉が長引いたり、プライベートな用事に時間を取られたときであってもだ。たいていの場合は、これで事なきを得る。

また、どうしてもスケジュール上の都合がつかなくて、ヤクザとの交渉を延期しなければならない場合があったとする。そんなときは、親の死に目の話を出して納得してもらう

ことがある。親が一人で足りなければ、二人、三人と登場することになる。たとえ、

「どうでもいいけど、あんたの親は何人いるんだ?」

と言われようが、である。私は、こういうやり取りも含めて〝交渉〟だと思うのだ。

ここまで説明してわかった方もいるかと思うが、言い訳やうそにおいては、その理由となる大義名分が大切だということだ。

つまり、相手にその共通の認識があるものでなければならないのだ。弁護士の私が、「裁判所での手続き」と言えば、たいていの人は、その用事がもっとも優先される重要な事項と理解し、納得もしてくれる。

しかし、これがヤクザとなると話は違う。そんな権威にはとらわれない価値観で生きている。ここは、弔事の義理は絶対欠かさないという彼らの大義名分を使うしかない。

相手が何をいちばん重要視しているか、どんな価値観のなかで生きているかをみきわめて言い訳をすれば、ピンチを切り抜けることも意外にたやすいはずだ。

もし、サラリーマン的なキャラクターの人が交渉相手であれば、取引関係が一番。彼が何を重視するかといえば、親の死に目よりも取引ということになる。それがわかっていれば、

「大変申し訳ないんですけども、大事な取引先との折衝が続いていて体があきません。御社との問題は早く解決したいので、こちらの都合に合わせて足を運んでもらえませんか」と言える。そうすると、向こうもいやとは言えない。

映画監督なら映画監督、教師なら教師、タクシー運転手ならタクシー運転手が最も重視するもの、といった具合にいろいろな大義名分が考えられる。臨機応変に対応して、

「仕方ないな」

と相手方に言ってもらえるもので勝負することが大切だ。

相手方の属する業種や職種などで大義名分として何が重視されているか、事前に把握しておくと、有力な武器になるだろう。

◎結論は自分ではなく相手の口から言わせる

問題解決のための方程式はこちらで作り、答は相手に出させるように誘導する

形勢不利な交渉の場合、相手方を客観的な立場に立たせるという方法を使って逆転することがある。

たとえば、

「裁判官になって判断してみてください」

という方法。相手方のキャラクターにもよるが、けっこう喜んでやってくれることがある。考えてくれ始めたら、これはもうしめたものだ。そこから先は法律の話をすればいい。

「裁判例ではこういう考え方をとっているんですよ」

と判例の話を出したりするうちに、だんだん相手方の考え方が法律に近づいてくる。それまでは自分の基準に沿った考え方に凝り固まっていたのが、法律という大義名分に徐々に引きずられていくのだ。

一般のビジネスマンの方なら、これまでにあった類似のトラブルの解決例を調べて相手に持ちかけてみることをおすすめする。

「私が調べたところですと、こういう解決の仕方があります」

ここでも相手方を自分の基準に沿った考え方から、客観的な基準へと近づける作業をすることになる。

ここで一つテクニックがある。結論は相手方に言わせる、ということだ。初めから、

「あなたの今回の紛争の解決金は最高裁の判例でいけば、○万円です」

と言ったところで、相手方は聞く耳をもってはくれない。

もちろん、私には結論は見えている。だが、初めは相手方にその結論は言わない。結論にもっていくための、条件と道筋をまず示す。たとえば、

「裁判例では、たとえ『賠償金を全額支払います』という念書を書いていたとしても、過失責任の割合に応じて賠償金を支払えばいい、ということになっているんですよ」

と、いくつかの例を挙げる。そのうえで、

「これを今回の問題に当てはめたらどうなりますか？」

と相手に振って、結論は相手の口から出させるのだ。私は道筋だけを引いてやり、実際にそこを走っていくのは相手である。すると、

「その裁判例を前提にすれば、私が言っている『全額支払え』という言い分は通らないな」

ということになる。

やや抽象的な説明になってしまったので、実際にあった事案を紹介しておこう。

自動車同士の事故の被害者の話。相手方は、

「車をぶつけられたんだから、どう考えても修理だ。修理費用を出せ」

と言い張る。

これは法律の理屈でいけば、正当な請求とは言えない。

〝モノの価値（時価額）を超える修理金額は請求できない〟という裁判例が出ているからだ。

今の車だと六〜七年も乗っていれば、時価額は新車のときに比べてだいたい十分の一くらいになってしまう。車の時価額は二〇万〜三〇万円くらいなのに、いざ修理をしようと思えば、四〇万円、五〇万円かかるということがある。裁判例に従って、

「時価額の二〇万〜三〇万円しか払えませんよ」

と言ったのだが、その相手方は絶対に納得しない。

「二〇万円では修理でけへん」

というのだ。そこで私は、

「あなたも裁判官の立場に立ってみてください」

という話をした。

「現在の裁判例でいけば、昭和四十九年（一九七四）の最高裁の判例で時価額と修理金額を照らして、その時価額までしか修理金額は出さなくてもいいということになってます。

加害者・被害者双方の立場に立って、裁判所はこういう判断を示しているんです。あなたの場合は修理金額はいくらなんですか？」

「五〇万だ」

「お車の時価額はおいくらですか」

「二〇万」

「じゃあ、最高裁の判例に照らしてどうですかね？」

「修理費用は時価額の二〇万までだな」

「そうなんですよ」

例を引いて、具体的な結論は、相手の口によって語らせる。方程式だけはつくってやり、xやyの代数の編入作業は相手にやらせる。入れていけば、必然的に結論は出てくる。

「じゃあ、二〇万ということになるな。しょうがないな」

ここで相手方を喜ばせる一言を付け足しておけば、さらにいい。

「あなたは裁判官として的確な判断ができたということです。あなたみたいな人ばかりが裁判官になれば、世の中もう安泰ですね。司法試験なんか受からなくても、それで十分ですよ」

ビジネスマンの場合なら、裁判官よりは、業界団体のトップや調停機関の担当者になってもらうというやり方がベターだろう。

この場合も基準だけ示して、結論は相手方に出させる点は同じだ。

◎感情的な議論から逃れる方法

議論の背景には感情的な問題がある。個人攻撃が始まったら、流れを遮断すること

議論とは、感情を背景にして起きることが多々ある。交渉の現場に身を置いていると、そのことをつくづく感じさせられる。

感情的な議論とは、たとえば、〝相手方の意見が間違っている〟とか、〝間違っている考えを正したい〟といった主張に終始しているような議論だ。これは非生産的で、時間の無駄としかいいようのない議論である。

確かに初対面の際には、前述したとおり、お互いに五分五分の関係を築くためにも、激しく感情的にぶつかり合うこともある。

「その言い分はおかしいじゃないか」

と言われれば、

「何がおかしいものか」

と言い返す。こうやって激しくやり合ったあとに、ようやく五分五分の交渉が始まることもよくあることだ。これは、〝正しい〟〝間違っている〟と主張の正当性に関して、堂々めぐりを延々繰り返すような議論とは性格が違う。具体的な交渉に入る前の、ポジションをめぐる攻防である。

交渉担当者が気をつけなければならないのは、相互の主張と譲歩を組み合わせる作業に入った段階であるにもかかわらず、あなたは間違っている、あなたは考えを改めなければならない、というような感情的な議論になる場合である。交渉においては、このようなどちらが正しいか、といった議論ほど無益なものはない。こんな兆候が見え出したら、すぐに対応しなければならない。

以前、こんなことがあった。大阪のあるテレビ番組で、

「学者は税金の無駄づかいだ」

と発言したことがある。私は至極当たり前のことを言っただけのつもりだったのだが、京都大学の先生方が問題視して、呼び出しをくった。

待ち合わせ場所にそろった学者連中は、

「あなたの考え方は間違っている」

ということをひたすら繰り返すだけ。初めは私も黙って先方の意見を聞いていた。反論は一切しない。ただ、

「学者であっても、公の職にあって、給料として税金を受け取る以上は、あらゆる批判を無条件に受け入れるべきだ」

という見解だけは伝えた。

だが、時間は刻々と過ぎていき、相手方は同じ意見を繰り返すだけだ。いい加減腹が立ってきた。

「さっきからいろいろ言われてますけど、結局、今回の会議の目的は何なんですか。私の意見を正そうということなら、それには応じられませんよ。私にも今まで生きてきたなかで獲得した私なりの意見がありますから。あなた方の意見が間違っているということは、この二〜三時間の話のなかで私は一言も言っていない」

と一気にまくしたてた。これで会議の流れがいっぺんに変わった。しつこかった教授たちも二の句が次げず、議場はシーンとなり、すぐに散会である。

みなさんも交渉のなかで、〝考えを正してやろう〟といった個人攻撃に議論が発展してきた場合は、すぐにその流れを遮断するよう心がけるべきだ。

「この話し合いの目的をはっきりさせてください。どちらの意見が正しいかを決める場なのか、それとも紛争解決をする場なのか。もし私の意見を正そうとすることが目的なら、私は拒否させてもらいます。」

私の場合はこのようなセリフで、その場を打開する。みなさんにもお勧めしたい、かなり効果的な言葉である。

◎「知らない」「聞いていない」の使い方

前任者の引継や上司の名代で交渉に当たるとき、「知らない」「聞いていない」は方便

交渉の場で、「それは知りませんでした」と言って逃げようとする人をときどき相手にすることがある。私は代理人という立場で交渉に当たるので、この手は頻繁に使わせてもらっている。

こちら側が相手方に迷惑をかけている立場の場合、依頼会社の一部の社員が以前に悪態

をついていたりすると、それだけで不利な要素を背負い込むことになってしまう。やむを得ない手段として、

「知らない」

「聞いていない」

という言葉を使うことになる。特にこちらの不手際で相手方が感情を害してしまったときなどは多用する。

このセリフは代理人という立場だからある程度許容されるもので、一般のビジネスマンの方が多用されるのはどうかと思う向きもあるだろう。だが、前任者の後を受けて交渉を担当したり、上司の名代であったりという場合に知らない、聞いていないを使うのは方便と考えてもいいのではないか。少なくとも相手の感情をかわす効果はある。

確かに、この手のセリフは交渉においてはマイナスだ。言われたほうも、そんな無責任な言葉に不快感を持つだろう。しかし交渉には、無駄なことをしゃべり過ぎるマイナスより、何もしゃべらないマイナスを取ったほうがいい局面もあるのだ。そんな場合に、有効なセリフだ。

「その件については存じております。前任の○○に不手際があったようで」

と、真っ正直に答えたとしても、

「○○だけの責任じゃないだろ、あんた、○○の上司だろ」

「はい……おっしゃるとおりで。私の監督が行き届かず……」

「ひどいもんだ、あんたんとこの会社はどういう会社なんだ」

と劣勢に立たされるのは目に見えている。明らかに無駄なことをしゃべり過ぎて、マイナスになっているパターンだ。

もちろん、知らぬ存ぜぬが通用しないくらいの状況であれば、謝って済むことであるかぎりは最低限の謝罪はする。謝って済まないことであれば、ひたすら言い訳をして逃げを打つことが得策だ。

すでに説明したことだが、交渉では謝罪からのスタートは明らかに不利である。これは避けなければならない。相手方とのポジショニング、つまり位置関係で下になってしまうからだ。

そこで、最初から謝罪をしない、謝罪を少しでも遅らせるという意味で〝知らない〟〝聞いていない〟は有効に活用できるフレーズだ。次のように使ってみてはどうだろうか。

「本日はご多忙中、お時間をいただいてありがとうございます」

「……今日は、○○部長はなんで来てないの？」

「と申しますと？」

「この間お会いしたときには、『お宅様には大変ご迷惑をおかけした。会社のほうには私がかけ合うからもう少し返事は待ってくれ。私が責任をもって解決にあたります』と言ってたんだよ、あの人は。その期限が今日。なのに本人はこの場にいない。どういうことなんだ」

「ああ、そうでしたか。確かに○○は社内の調整を含めて今回のトラブルの解決策に奔走しておりました。決定のプロセスは雲の上の話で、私にも今一つつかみきれないところもあるのですが、私どもで提示できる条件は用意してまいりました。○○は本日はたまたま関西へどうしてもはずせない出張が入りまして、私が代わりにうかがうように言われたのです」

「約束が違う。○○部長から事前に連絡をするのが筋じゃないか」

「その点につきましては、私も事情をよく○○から聞いていない部分がありました。お詫びいたします。ところで、○○の努力もありましてきっとご満足いただける条件をそろえてまいりました。さっそく本題に入らせていただきます」

◎言い分の簡素化で、感情的な相手の気持ちを整理させる

本題と関係ない話で激高している相手は、言い分を簡素化させることで原因に気づかせる

映画やドラマの世界では、交渉の決裂といえば、席を立つものと相場が決まっているようだ。お互い妥協の余地がなくなり、もはやこれまでということで退出する。確かになかなか絵になるシーンではある。

だが、ビジネスマンの方が交渉に当たるうえでは、いくら膠着した交渉であっても席を立つことは考えられない。これは私が扱う事案でも同じだ。弁護士として交渉を行なっていくかぎりは、勢いに任せて席を立つことはあり得ない。

席を立つことは、相手方に、

「これ以上の妥協の余地はまったくない」

ということをメッセージするための究極的な手段なのだ。威嚇のテクニックとして使う場合も多いだろう。

ただし、席を立つ一歩手前の攻防は日常的に見られる。相手方に怒鳴られたり、威圧さ

れたりということはしょっちゅうある。

初対面時のお互いにつばぜり合いをしている段階では、怒鳴られれば怒鳴り返す。威圧には絶対に屈しない。だが、こちら側の主張と相手方の譲歩、相手方の主張とこちら側の譲歩の組み合わせの話に入れば、感情は極力抑えて冷静に話を進めることになる。ただし、その段階に及んでも感情的になる相手方もいる。

このように、相互の主張・譲歩を組み合わせる段階でも感情的になりすぎて暴言が続くようなときには、相手方の言い分をなるべく簡素化させることだ。

「あなたがおっしゃっていることの意味が私にはわかりません。結局おっしゃりたいことはなんですか」

という姿勢を相手方に示す必要がある。

感情的になっている相手方に共通する点がある。本題と関係ない話で激高している場合が多いのだ。こういう人には、

「だから、何なんですか？」

といったセリフは禁句である。できるかぎり理路整然と、

「あなたのその発言の主旨はなんですか。今回の件とどのような関係がありますか。それ

に私が応じることで、紛争の解決にどうつながりますか」

という問いかけを繰り返していく。自分が何に怒っているのかもよくわからないくらいカッカしている相手方に、考えさせるよう仕向けるのだ。

言い直しをさせると、結局は他愛のないことであることが多い。私のコップの持ち方や、スーツの趣味が気にくわないといった程度のことが原因であることがほとんどだ。できれば、どんどん問いつめて相手方の激高の原因をごくシンプルに絞り込むとよい。

「コップの持ち方」

「スーツの趣味」

という具合だ。

感情を害した原因をここまで限定してつきとめられ、それが交渉の本題に関係ないことであれば、その場で軽く謝罪してしまえばよい。

「どうもすみません」

交渉の要求内容とは関係ないことで怒っているときは、相手方もだんだんそれに気づいてくるものだ。そうすれば、もう一度仕切り直して本題に入りやすくなる。

交渉に関連したことで怒っていることもたまにはある。そういう場合は、言い分をよく聞いて、相互の主張と譲歩の組み合わせにどう反映させるかを考えればよい。

どちらの場合も感情は排して、なるべく淡々と相手に問いかけていく。

◎こんな礼儀を欠くと足をすくわれる

名刺や靴、カバンの扱いなど、最低限のマナーの欠如が劣勢を招くことがある

ご存じの方も多いと思うが、相手方から受け取った名刺は机の上に置いた名刺入れの上に置くか、すぐにしまう。名刺入れの上に名刺を置くのは相手に対する敬意を示すことのほかに、書類を広げたときなどに落ちないようにするためという実用的な意味合いもある。

偉そうなことを言っているが、実は私も相手方の名刺を見事に落としてしまったことがある。しかも、そのことに気づかずに話を続けていた。この国のビジネスマンの常識では、名刺＝相手の分身である。当然、えらく突っ込まれ、それだけで窮地に立ってしまった。

交渉は人間と人間のぶつかり合いである。最低限のマナーや礼儀はわきまえておかないと、思わぬところで足をすくわれることになる。

マナーや礼儀については、交渉の最前線でずいぶんと鍛えられてきたような気がする。

アウエーで相手方の自宅を訪問する。玄関を上がるときには、靴をそろえる。これもマナーだ。自分の家ではやらないようなことであっても、訪問先では当たり前のように涼しい顔でやる。

席次についてよくわからなかったかけだしのころ、平然と一番奥に座って怪訝な顔をされたこともあった。今ではさすがにそんなことはない。

カバンを机の上に置いたときも、指摘された。

「あんた、そのカバンを地面に置いたことはないのか?」

というわけだ。それ以来、カバンは足下が定位置になった。

アウエーではトイレは絶対に借りないようにしている。あとで、

「あんとき、うちのトイレ汚しただろう」

などと言われかねない。その手のクレームの原因になりそうなことには極力手を出さないことが肝心だ。どうしても我慢できないときには、席を外して、外のコンビニででも用を足す。

ごく些細なことと思われるかもしれないが、こんなことから相手に突っ込まれて、劣勢の交渉スタートを切るのは非常にもったいない。

◎相手を逃がさない言質の取り方

こちらの要求を認めたうえで、相手方が譲歩してくれることを確実にしておく

相手方の譲歩について言質を取るときには、自分の要求と必ずからめておく必要がある。

たとえば、

「私の要求が『今月中に新製品一〇〇ケースを仕入れる』という条件で、それでもあなたは『単価を一〇万円』にまで下げて（譲歩して）くれるんですね」

と質したうえで、記録にとどめておかなくてはならない。

そうしないと相手方は、

「いやいや、『御社が一五〇ケース買ってくれる』といううちの要求がゆくゆく通ったあかつきには、『一〇万円まで』下げようと思っていたんだ」

と、これまた常套句で逃げられかねない。自分の要求があることを前提に、それにもかかわらず相手方が譲歩してくれるのだ、と自分の要求と相手方の譲歩を必ず結びつけた話にしておく。

「われわれは○○という話をしていて、○○を前提としてあなたの譲歩はある」

このように、こちらの要求を前提として、相手方の譲歩はあるということに言質を取っておかなければならない。この組み合わせを絶対に崩さないことで、相手を逃さないようにしてしまう。

◎標準語と方言を状況に応じて使い分ける

方言には緊張の緩和、情に迫る効果がある。
時と場合に応じて標準語と使い分ける

交渉の席での話し方という点では、方言の有効活用も考えていい。

私は東京出身だが中学・高校と大阪で育ち、現在も大阪を中心に弁護士として活動している。相手方と対面した際の世間話などは地元の言葉ですることがある。

「会社の経営はどうでっか、社長?」

「ああ、よろしいですわ」

大阪にかぎらず、方言には緊張を緩和させる働きがある。交渉のとっかかりにその場をなごませるには、土地の言葉での会話は効果を発揮する。

だが、本題に入ってからはそうもいかない。紛争の解決という大事な問題について貴重な時間を割いて話し合うのに、一定の緊張感はつきものだからだ。

実際、私が大阪で交渉する際にも、地元出身で普段は大阪弁バリバリの企業経営者が、標準語で話しているのをよく見かける。これも交渉における一つの雰囲気づくりと言えるかもしれない。

本題の交渉でも意図して方言を使うことがある。相手に譲歩を迫る場面で、

「この金額ですけど、もうちょっと勉強してえや」

「うーん、厳しいな。なんとかなりまへんのか」

などと相手方に水を向けてみる。あえてカジュアルな言葉を使うことで、相手方の情に迫ろうとしているわけだ。

また、こちらの譲歩を相手に提示するときに、意図的に方言を使うこともある。これは、こちらの条件が掛け値なしのところで、手の内を全部お見せしました、という演出でもある。

言葉の使い方一つとっても、状況に応じてメリット・デメリットをよく考えて決めていく。これも交渉の技術と言えるだろう。

電話での言葉の応酬では、言われたら必ず何か言い返す。相手方にペースを握らせない

◎交渉における電話での注意点

まず言っておきたいのは、交渉の大前提は相手方と会うこと。対面して話すのが基本中の基本である。さまざまな事情が折り重なってやむを得ない場合にのみ、電話での交渉ということになる。

私もさまざまな事情から、電話での交渉が長時間に及ぶことはよくある。何時間かかろうが、話すべきときには、その場できちんと時間をかけて話すほうがいいと考えている。適当に切り上げても、結局は効率が悪くなるだけだからだ。

ここで一点、注意したいのは、電話では顔が見えない分、交渉相手がひどく威圧的に出てくることが多いということだ。それが、初めての接触のときであれば、なおさらだ。

初対面時には、互いの位置関係を決めるためにも、怒鳴り合いといったような激しいやり取りになることがあることは、前述した通りだ。これが、電話となると、輪をかけてひどくなるのだ。

〝お前〟だの、〝殺すぞ〟だのといった、汚い言葉を浴びせられることは、私にとっては日常茶飯事だ。このような、こちらを見下すような発言には、徹底的に対抗しなければならない。ここで、黙って言われていては、相手が〝上〟でこちらが〝下〟という立場が決定的なものとなってしまう。これは、今後の交渉においても、非常に不利なことなのだ。

ただ、だれしも電話で脅しめいたことを言われたり、すごい勢いで怒鳴られたりしたら、萎縮もするし、めんどうになって早く切りたくなるだろう。電話でわざわざ怒鳴り返さなくてもとか、こちらが応酬して態度を硬化させてはいけない、と考えるかもしれない。

しかし、案件に対する不満なら聞く耳も持つが、こちらを見下し、萎縮させるための発言であるなら、こちらとしても応酬することに躊躇してはいけない。

「お前」

と言われれば、

「あなたにお前と言われる筋合いはない。失礼じゃないか」

「殺すぞ」

と言われれば、

「確かにだれかに殺されるかもしれません。でも、あなたにだけは殺されません」

と、私は切り返している。今では慣れたものである。

相手方が感情的になって、言葉の応酬が続くときは、何か言われたら、必ず言い返すことが大切。論理的な返答でもいいし、相手がカチンとくるようなことでもかまわない。けっして、〝ふん〟と黙ってしまわないことだ。ここは反射神経の勝負だと思って、割り切ってほしい。とにかく相手方にペースを握らせないこと。

非常に単純な話だが、怒鳴り合いになったとき、声の音量に関しては相手方に負けないようにする。相手方がどんなに大きな声を出してきても、常にそれを上回る音量を必ず出すことも大事。

電話だと、顔が見えないせいか、私の年齢を聞いてくるケースが多い。年齢が気になるということは、それだけ相手方が押されているということだ。

私はそういうとき、臆せず堂々と実年齢を言う。

「なんだ、まだ、ガキじゃないか」

などという言葉が返ってくる。そういうときには、

「確かに年齢はあなたより下かもしれない。でも、知識はあなたより上です」

ときっぱり答える。こうなってくれば、お互い五分の関係が出来上がってきたとみてい

い。

　すでに述べたように、交渉では相手方と顔を合わせることが第一。電話とはあくまでも補完的に使うものではあるが、その緊張感は、対面時以上の勢いで臨むべきで、けっしておろそかにすることはできない。

◎目の力が交渉を支配する

相手に対する目の威力は重要。相手と視線を合わせて話せるように日頃から意識する

　交渉の際、相手方と話をするときの大原則がある。相手の目を見ながら話す、ということだ。ただ見るのではない。見据えるといったほうがいい。

　やはり交渉はかけひきの場である。別に虚勢を張る必要はないが、相手方に引けをとる場面は少なければ少ないほどいい。相手の目をじっと見て話すだけで、こちらの気力や気迫が伝わるものだ。いかに論理的な戦略や戦術を考えたとしても、所詮、交渉とは、そんな気迫や勢いみたいなものに非常に左右される、人間と人間とのやり取りでしかない。

　そんな意味からも、相手と視線があったときは、けっしてこちらからはずしてはいけな

い。にらみつけるまでの必要はないが、静かに語りながらも、強い視線を送りつづけることを心がけたい。

東京地検の特捜検事出身で、大阪の闇社会でフィクサーとして名を馳せた弁護士と、交渉の席で一度だけ顔を合わせたことがある。そのときも印象的だったのは〝目の威力〟だった。

彼はその交渉の、立会人という立場だった。文字通りのお目付役で、一切口を差し挟むことはなかったのだが、目だけはずっとこちらに向けられていた。

彼は別にすごんだり、大声を上げたりすることはない。物腰は終始穏やかだったが、視線による圧力は最後まで続いていたように思う。場は非常に緊迫した空気に包まれていた。

これまでの私の経験から言って、優秀で手ごわい交渉人はみなすべて、このような強い視線の圧力をもっているものだ。

また、視線を合わす効用は、単純に、こちら側の主張の説得性を演出するのにも欠かせない。どこを見ているのかわからないようなしゃべり方で、いくら相手を説得しようとしても、うまくいかないのは当然だろう。

大企業の部課長などを相手にした場合など、彼らは肩書で露骨にプレッシャーをかけようとしてくることが多い。そういう人にかぎって、にらみつけるような視線を送ると、そっぽを向いてしまう。

論理的な話は非常に巧みなものの、視線はずっと机の上の資料に落としたままという学者タイプの人も、交渉の場ではまったく迫力に欠ける。

相手方と視線を合わせて話すことは、日頃から意識してトレーニングしておいたほうがいいだろう。

◎相手に考える間を与えないテクニック

交渉には勢いが必要。相手が揺らぎだしたら考える時間を与えず一気に結論にもっていく

交渉ごとは陸上競技の種目で言えば短距離走である。長いスパンで考えてどうこうというよりも、その場その場での即決が重視される。一話完結式、〝読み切り〟が基本なのだ。

たとえば、最後の譲歩を相手方に迫っているとき、

「そうだねえ、十分ほど待ってもらえないかな。ちょっと考えてみたいんだ」

ここで十分を与えてしまっては元も子もない。相手が「待ってくれ」と言ってくるとき

は、こちらのチャンスである。この手の、「ちょっと待ってくれ」や、「会議の最後まで時間をください」といった類の、交渉中の苦し紛れにも似た時間の要求は、明らかにこちら側の要求に相手が傾きだしている証拠だ。一気にたたみかける攻めが、効果的だ。

間髪いれず、私はよく次のようなセリフを使う。

「待つっていっても、ウルトラマンでも三分ですよ！」

「カップラーメンだって三分でできますよ！」

おわかりのように交渉とはなんの関係もないセリフだ。「十分待ってくれ」という相手方の話とはまったくかみ合わない。だが、短距離走である交渉の場で切迫している相手方には印象的な比喩なのだろう。これらのセリフが出ると、せいぜい五分後には「イエス」の返事がもらえる。

相手方が、

「お話はよくわかった。もう少し考えてみたいので、結論は来週まで待ってもらえないだろうか」

などと言ってくるのも常套手段である。この場合も、絶対持ち帰らせてはいけない。その場で決断してもらう。持ち帰られると、こちらに不利な展開となることは必至だ。ゆっくり腰を落ち着けて考える時間を与えてしまえば、心変わりもするだろうし、第一、また別の条件をつけて新たな案をひねり出してくる可能性が非常に高い。

交渉には勢いが必要である。相手が揺らぎ出したら、考える時間を与えず、一気に結論までもっていくように努力すべきなのだ。

◎必敗が濃厚になってきたときの切り返し術

相手方が調子づいてきたときにはリズムを狂わせる。トイレ休憩などで時間をおく

相手方に時間を与えないことの効用については、前項で説明したとおりである。だが、こちらが相手方に攻め込まれ、切羽詰まってしまったらどうするか。今度は逆に、こちら側が時間を与えてもらえるように工作しなければならない。

訴訟の技術の一つに、自分が攻められそうになり、不利な形勢になったりしたら、一回時間をおくというものがある。いったんストップさせてしまうのだ。

そのまま続けると、矛盾点を突かれてパニックに陥り、頭の中が真っ白になってしまうことがある。反論できなくなってしまうおそれがあるのだ。

危なくなったら休止するのがベスト。裁判だと、尋問で苦況に立ったときにはトイレ休憩をとったりする。一回立て直すために時間をあけるということは非常に重要。これは交渉にも当てはまる。相手方が勢いづき始めたときは、一回そこで必ず切って気勢をそぐ。逆に、相手方が不利な状況のときに、交渉をいったん切ろうとしても、絶対に切らせない。

タイトルは忘れてしまったが、ある法廷もののアメリカ映画で、ハーバード大学のロースクールで教授が学生に尋問の技術を教えているシーンがあった。民事の法廷で「異議あり」と弁護士がやるあれだ。これを効果的に使って相手のリズムを崩すことを教えていたのだ。

ところが、日本の場合、民事の法廷で異議を出すのはタブーとされている。しゃべりたいだけしゃべらせるのが原則で、基本的には異議を出さないことになっている。でも、私は異議を多用する。

異議を出すときには必ず理由をつけないといけない。私の本音は、相手方が調子づいたからというものだが、それだけで異議を出すのはよくない。そこでなんらかの理由をでっち上げる。

とにかく、相手方が調子づいたときには、リズムを狂わせることを考える。交渉であれば、「ちょっとトイレ」と言うのがいちばん有効。ほかの理由だといろいろ勘ぐられて認められないことが多い。

「おかしいじゃないか」

と相手方に突かれて、

「いや、私は○○という条件でお話をしたはずです」

「そんな条件どこにある」

というやり取りになったときには、いったん席を立つ。話の内容ではなく、リズムにこだわるということも交渉においては重要だと思う。

◎感情的な議論をふっかけて交渉の流れを変える

交渉の流れが明らかにこちらに不利になってきたら、不毛な議論をふっかけて煙に巻く

交渉の途中で、自分の発言の不当性や矛盾に気づくことがたまにある。心のなかでは〝しまった〟と思っているのだが、そこはポーカーフェースで押し通す。

どんなに不当なことでも、矛盾していることでも、自分に不利益になることは知らない

ふりを決め込むことだ。相手方に指摘されるまではほうっておく。

運悪く相手方に気づかれてしまったら、仕方がない。こんなとき私がよく使うテクニックがある。相手方に無益で感情的な論争をわざとふっかけるのだ。いよいよ攻め込まれて、自分の主張が通らないというようなときには法外な要求をして、場を混乱させる。

これはわざとやっているところがポイントである。こちら側がもちかけている要求はむちゃくちゃだが、頭のなかは冷静なのだ。自分でコントロールできるように細工した〝感情的な議論〟はうまく使えば、絶大な効果を発揮することがある。

あたかも感情的になっているかのようなポーズをとっているが、真の目的は相手方に傾いた流れを変えることだ。

さんざん話し合いを荒らしまくっておいて、最後の決めゼリフにもっていく。

「こんな無益な議論はもうやめましょうよ。こんなことやってても先に進みませんから」

自分が悪いのに、こう言って終わらせてしまうのだ。もともとの発端はお前だろうと言われかねないことはよくわかっている。悪口合戦、矛盾点の突き合いになっても、これは有効だと思う。

◎スタート地点は共通の座標軸を設定すること

相手方と共通の基盤は初めはない。その場で話を聞きながらつくっていく

交渉を始めるに当たっては、お互いに共通の座標軸を設定することから始める。

座標軸の設定とは何か。最低限、相手の言っていることが理解できる状態をつくるということだ。たとえば、交渉の当事者が同業者同士というような場合は、問題ない。お互いに話が通じるだけのカルチャーをもっている。

話が違ってくるのは、まったく畑違いの人間同士の交渉の場合だ。たとえば、建設会社がマンション新築に当たって、地域住民と折衝をする。建設会社サイドが建設のプロとして話をしても、住民にはなんのことやらわからない。こういう場合は、建設会社側が住民に理解できるようにかみくだいた言葉で話す必要がある。

それ以前に、感情という問題がある。

日照権の問題などで感情的な対立があれば、交渉の大きな障壁になる。ファーストコンタクトではガンガンお互いの思いをぶちまけるのもいいだろう。だが、いつまでも言いた

いことを言い合うだけでは問題は一向に片づかない。交渉を本当の意味でスタートさせるには、感情の問題はいったん脇に置く必要がある。

交渉の現場では、自分とまったく異なる価値観やバックボーンを持った人間を相手にしなければいけないことが圧倒的に多い。そういう場では、まず相手方の言い分を聞き、言いたいことを理解することから始める必要がある。お互いが立てる共通の基盤は初めからあるのではない。その場でつくっていくのだ。

ところで、交渉のプロ、タフネゴシエーターと一目置かれるようなビジネスマンになりたいと思うのであれば、いろいろな業界で何がメリットであり、何がデメリットなのか、知っておくことは大いにプラスになると思う。

交渉術のなかでも、お互いの共通項を探ることの重要性はいくら強調してもし過ぎということはない。この場合の共通項というのは、ある業界に共通する大義名分や、関係者がほかの何にも増して価値をおいているものなどのことだ。掟と言い換えてもいい。

たとえば、銀行員たちが仕事をするうえで何を最も重んじているか。ビール会社の営業マンにとっての金科玉条とは何か。公立高校の教師たちにとっての職業倫理を一言で言うとどうなるか。こうした共通項は、いくら本を読んだところで本当にはわからない。経験を通じて獲得していくことが本分だと思う。

今後、ビジネスの世界ではますますボーダーレス化が進んでいくと思われる。仮に魚屋さんのトラブルを解決する際には、水産業界の共通項に沿って話をし、芸人さんの問題をまとめるときには、芸能界の共通項に沿って対策を練れるようでないと交渉はうまくいかない。将来的に理想とされる交渉人とは、あらゆる業界の問題に通暁《つうぎょう》した究極のジェネラリストである。

そのためにも、異業種の人との出会いは大事にすべきだ。属している業界の問題点の傾向、何が好まれ、何が忌み嫌われるのかといったことを聞く機会が得られる。

◎感情に流されないのが真の交渉法

相手方を好き嫌いレベルで判断しない。冷静に損得勘定で話を進めていく

交渉人は、交渉相手のキャラクターを選ぶことはできない。

自分にとってすごく接しやすい人と向き合うこともあれば、反対に、鼻持ちならない、いけ好かない人間と意見を戦わせることもある。ありていにいえば、好きな相手とも嫌い

な相手ともうまく話をまとめていく能力が必要だ。

はたして、この能力とはどのようなものなのだろうか。一言で言えば、交渉の場で一切の感情的なものを排除できる能力、と言える。

世の中には、ある種の接しやすい人に対しては非常にフトコロに入るのが上手く、その人間的魅力で難しい交渉を神業的にまとめ上げてくる人がいる。しかし、こういった人にかぎって、別の苦手とするタイプの人に対しては、まったく打つ手がない場合が多い。これは彼が、感情的な部分、好きか嫌いかといった部分にうったえかけるような交渉の技術をベースとしているからである。

どんな人が相手でも、交渉をそつなくまとめ上げるということを主眼に置くならば、交渉とはもっとドライなものである必要がある。

互いの細かな条件交渉や、つめの段階に入ったら、極力感情は交えないで交渉を進めていかなければならない。

逆に言えば、相互の主張と譲歩を組み合わせる物々交換の段階に入ろうとする際に、相手方のことを好き嫌いレベルで判断しているようではまずい。損得勘定で取引の話を進めていくうえで支障になってしまうからだ。

たとえば、車を買うとき。セールスマンの人格が決定的な要因になることは少ない。たとえ、性格や言動に多少問題があっても、よい車をより魅力的な条件で売ってくれるセールスマンが、買い手にとっては優秀だと言える。

交渉の担当者もこれに似たところがある。

人間性は切り離したところで、交渉の技術が優れていれば、やはりプロと認めざるを得ない。友人にはなれなくても、こちらの立場を考え、譲歩を重ねて問題を解決しようとしてくれる担当者はありがたい存在なのだ。

それでもこの男（女）は嫌だ、と考えてしまうこともある。人間は感情の動物だからやむを得ない。そんなときには開き直りも必要だ。別に交渉相手と一生つき合うわけではない。結婚したり、机を並べて仕事をしたりする間柄ではないのだから、割り切って交渉を進める。

相手方が交渉のテーブルにのせてくる条件のよしあしをクールに分析するためには、感情は遠ざけるにこしたことはない。

◎対面前に相手方の情報がない場合

事前に相手方の情報がなくても、その場のコミュニケーションだけで有利な立場を築く

私が携わっているような交渉の場合、実際に対面するまでは相手方に関する情報はほとんど得られない。これが現状である。

情報と言えるものがあるとすれば、せいぜい当人に会って確認する風貌や言葉遣いといった程度。

ただ、そういう交渉を重ねてきたおかげで、対面して相手方の器量をはかる技術はかなり磨けたと思う。

私は交渉の相手方とは、対面してからが勝負だと思っている。事前に情報をつかんでいるかどうかより、現場でのやり取りでその後の流れが決まるからだ。

常に最悪の状況を想定しておくというリスクマネジメントの大原則から考えれば、事前に相手方に関する情報がまったくない場合でも、その場でのコミュニケーションだけでなんとか有利な立場を築くだけの地力はあったほうがいい。

これまでの経験で言うと、相手方が大物であればあるほど、最初は紳士然とした態度や口調であることが多い。あくまでも立ち上がりは静かである。でも、圧力はしっかりとこちら側にかけてくる。大声でがなり立てるような人よりも、コンタクトがしにくいことが多い。

たとえて言うと、高級車のスタートに似ている。ノイズはほとんどないのに、スピード、パワーとともにすぐにトップに迫る。軽クラスのエンジンのように、いきなりキャンキャンふかすことはない。本物だけがもつ迫力ということか。

事前の情報があるなしにかかわらず、相手方に対しては、対面するまではあまり予断を抱かないほうがいい。

東証一部上場企業の役員であろうと、フリーターであろうと、過大に評価することもなく、見くびることもなくという姿勢だ。

特に電話では注意が必要だ。相手方の話し方や声の調子だけで、

「こいつ、弱そうだな」

などと早合点して邪険に扱うと、実はとんでもない実力者だった、といったことは十分にあり得る。電話でも対面でも、相手方と対峙するときは、常に〝最悪・最強〟であるこ

とを想定しておくことだ。

ある案件で相手方になった男性の例を挙げておく。私の見たところ、年齢の割にどうも子供っぽい印象があった。服装や話し言葉からそう思ったのだが、今にして思えば、これは油断である。

私としては軽んじたつもりはなかったのだが、ついあいさつや礼儀を怠ったり、ため口をきいてしまったりしたのだ。これがきっかけで、相手方は気分を害してしまった。

これは間違いなくこちらの落ち度である。

「ちょっと失礼じゃないですか、その態度は」

相手方がそう言いだしたときにはもう遅かった。その場での私の非を延々と指摘され、あとで形勢を取り戻すのに大変苦労した苦い思い出がある。

相手方の年齢やキャリア、所属する組織の大小などは無視して、同じように扱う。常識的と言えば常識的だが、交渉ではこの常識を貫くのがなかなか大変だ。

言うまでもないが、相手方の情報が事前に収集できるのであれば、最大限力を注ぐ。特に、プロフィールがわかると有力なカードになる。相手方が重視する大義名分や価値観、そして弱みを把握できるからだ。

第5章
ピンチを切り抜ける切り札の一手

担当者の交代、データの利用……
交渉の流れを変える突破術

◎相手をねじ伏せるデータの使い方

交渉の席でデータが最も威力を発揮するのは
デメリットを裏付け強調する場面

交渉をまとめる最後のひと押しや、相手を説得する場面で、データを使うことはよくあることだ。確かに、私自身も示談交渉の場で使うことは多い。しかし、実はこのデータの使用法は非常に難しいもので、勘違いをなさっている方も多いかもしれない。ここはわかりやすくビジネスマンの方の例にあてはめて簡単に説明してみよう。

たとえばある企業で、一〇〇〇万円の予算で新製品の発売イベントを企画したとする。ところが担当社員が企画をつめていったところ、一二〇〇万円の予算が必要となってしまった。社員としては、担当上司に二〇〇万円の予算上積みを認めさせなければならない。

ここでよくありがちなのは、この企画を成立させるためには、どうしてもこれだけの費用がかかる、つまり一二〇〇万円という金額の正当性をデータを用いて説明しようとしてしまうことだ。

「このイベントでタレントの〇〇〇を呼ぶには、彼の通常のギャラからいってこれだけはかかります」

「同業他社のA社やB社もこの規模のイベントをしかけるには○○○円のお金を使っています」

といった類だ。

しかし、このような説得で簡単にオーケーをもらえるようなケースは少ないのではないだろうか。

「それは他社の相場だろ。ウチは一〇〇〇万円の予算でやらなければならない」

そんなリアクションが上司からあるかもしれない。

私が携わっている、もっとハードな交渉現場では、

「そんな相場知るか！　オレが相場だ」

といった怒声が返ってくることは目に見えている。

つまり、こちらの主張の妥当性や、相場観などを実証するためにいくらデータを用いても効果は意外に少ないのだ。もっともデータが威力を発揮するのは、デメリットを裏付け、強調する場面であることを知っておいてほしい。

ここで言うデメリットとは、こちらの主張を相手方が飲まないことで生じるであろう不

利益のことだ。このデメリットを強調することで、デメリットを回避させる必要性を相手方に植えつける。そしてデメリットを回避するためには、こちらの主張を認めるべきとの流れを作り出すのだ。

「あと二〇〇万円上乗せしないと、イベントのPRが手薄になります。これまで行なった当社のイベント実績から分析すると、今回の目標とする動員人数から〇〇〇人は少なくなってしまうでしょう」

前述の例でいえば、こんな言い方が適当かもしれない。

しかし実際には、データを用いても、自分の妥当性を証明することに終始している人たちがほとんどのように思われてならない。本当の苦しい交渉でデータが切り札となるのは、デメリットの強調のときなのだ。

◎交渉が停滞してきたときの突破法

平行線を破るには新しい譲歩を作り出す。相手方が困っていることはその大きなヒント

交渉が平行線をたどってしまう。膠着してしまう。望ましい事態ではないが、ときどき

起こりうることだ。

だが、こうした事態を突破してこその交渉術とも言える。どうすれば、交渉をさらに前に進めて行くことができるのか。

これは一つしかない。こちら側の現実的な損失を伴わない、新しい仮装の譲歩をいかに作り出すかということだ。こちらの主張を認めるか、相手方の主張を取り下げるかしないと、生じるであろう不利益をとにかく考え出す。この不利益を回避するためには、こちらの主張を認めるか、相手方の主張を取り下げるかしかない、というふうにもっていく。創造力をフルに働かせて、このレトリック上の不利益を生み出すことだ。

逆に言うと、平行線をたどっている交渉では、この仮装の譲歩がうまく作り出せていないということになる。はっきり言ってしまうと、これは交渉人の力不足である。こちら側の主張と相手方の譲れるもの、相手方の主張とこちら側の譲れるものを峻別し、組み合わせるという最も基本的な作業がうまくできていないということだからだ。

「妥協点が見つけられませんでした」

という交渉は、別の言葉で言えば失敗である。平行線を打ち破るためには、新しい仮装の譲歩を作ること。

また、相手方の困っていることを探り出すのも手だ。

「組合対策の労務管理で困っていることがある」

「中堅幹部の教育システムをなんとかうまく作れないだろうか」

などの困っていることを聞き出せたら、味方サイドで何か応えられることがないかを検討する。社内で蓄えたノウハウや社外の人脈を利用して、相手方をサポートできれば大きな譲歩となる。そして、こちらにとってはたいした負担ではないが、相手方にとっては大きな利益になるものを選択する。

あるいはこれは最後の手段だが、こちらの主張と譲歩を再検討するという方法もある。

交渉の席に着くまでは、

「どうあってもこれは譲れない」

と思っていたが、本当にそうなのか。あらためて考えてみる。案外、部分的に妥協の余地が残されていたりすることがある。思い込みは交渉を滞らせるもとだ。柔軟に考えられる頭をもつことは大事である。

検討の結果、主張の一部を抑えられると判断したら、相手方に伝える。ただ伝えるだけでは相手方を動かせない。〝高く売る〟ことを考える。この譲歩を生み出すためにいかに手をかけたか。多少のデフォルメはしても構わない。

紛争解決処理のための交渉では、とにかく合意を得ることが先決である。紛争はすでに起きてしまっている。解決が遅れれば遅れるほど傷口は広がる。妥協できるところはして、お互いの意見をすり合わせてまとめる。そのためには新しい譲歩の可能性をねばり強く探ることが一番の近道なのだ。

◎〝借り〟ではなく〝貸し〟をつくれ

お互いの貸し借りのバランスが交渉のペースに直結する。貸しはつくれるだけつくる

交渉の席では相手方に借りをつくることは絶対のタブー。だが、貸しは一つでも多くつくったほうがいい。たとえば、交渉の当日になって、

「申し訳ないんだが、今日お会いする時間を一時間ばかり遅らせてはもらえないだろうか?」

と相手方が言ってきたとする。これはラッキーなことだと受け取るべきだ。できるだけ応じることにする。貸しが増えるからだ。

逆の立場になって想像してみてほしい。もしあなたが、一時間遅れて交渉の場にやってきたらどうだろう。まずは、

「すみません。時間をずらしていただいて」

と交渉をはじめることになってしまうだろう。相手に借りができ、交渉の流れは明らかに向こうペースになってしまうことがおわかりいただけると思う。

可能なものはなるべく譲って貸しを多くつくっておく。これが交渉のペースをつかむことにもなり、それが大きな貸しであれば、最終的な本題での譲歩を引き出す段になって非常に生きてくる。

細かい話だが、お互いのオフィス以外の場所、たとえばホテルのティーラウンジや喫茶店で話をするときも、注意をはらうべきだ。会計はすべてこちらでもつ。恩を着せるという態度が過ぎると逆効果だが、これも貸しである。

相手の事務所などで、お茶やお菓子が出されても、私はけっして手をつけない。特に相互の主張と譲歩を組み合わせる前の段階、すなわちポジショニング争いの段階では絶対に口にしないようにしている。たとえお茶一口、お菓子一個でも、交渉人が相手方に借りをつくるのは褒められたことではない。それくらい、相手とのポジショニングには、細心の

注意をはらうべきだ。

◎第三者をうまく利用して説得する

だれに話をすれば、この人は言うことを聞くのかを、交渉の過程で見抜く作業は大切

敵対する相手同士が、相互に相手方を説得するのは非常に難しい。つまり敵対している私が説得するよりも、相手にとって味方の人間、もしくは、相手が一目おくような第三者から説得してもらったほうがうまくまとまることが多い。

私は交渉が煮つまってきたときにこう言うことがある。

「じゃあ、弁護士をつけてください」

私の言っていることが、弁護士の間でも一般的だと認められているならば、私自身が説得するよりも、相手方がつけた弁護士に説得してもらったほうが話が早いのだ。本人が弁護士の言うことなんか全然聞かない人だったらちょっと話は別だが。

弁護士がだめなら、ほかの手を考える。ビジネスに関する紛争だったら、相手が聞く耳を持つだろうその業界団体を出し、

「私の言うことがおかしいと思ったら、○○団体に聞いてごらんなさい。私と同じことを言いますよ」

という言い方をすることもある。

親を窓口にしてもらうことで一気に交渉が進んだこともあった。もっとも、これにしても、本当に自立している子供であれば、親の言うことなど聞きはしないだろう。

要は交渉のなかで相手方を見て、だれからの話であれば、この人は言うことを聞くのかを、見抜いていく作業が大切だということだ。

◎担当者が代わることで起こる形勢の逆転

交渉の進展に役立つならたとえ演技でも部下を叱責。打ち合わせやリハをしてもいい

交渉の担当者が代わるときは、交渉が一気に進展するチャンスだ。これは、一般のビジネスマンの方にも参考になる部分かもしれない。だが、意外にこのことに気づいていない人が多い。チャンスをみすみす逃してしまい、いたずらに長期化の泥沼にはまりこんでいるケースをむしろよく目にする。

担当者が代われば、なぜ交渉が進展するのか。

それは、これまでの交渉をいったん仕切り直しすることができるからだ。もっとはっきり言ってしまえば、これまでの担当者が行なっていた取り決めなどは、一気に白紙へともっていくことができるからだ。

「その話は前の担当者との話でしょ。結局まとまっていないのだから、その話は流しましょう」

などともっていき、形勢の逆転をはかることも可能だ。かつてのソビエトや中国で、指導者が代わるたびに、外交政策が転換したのを思い出していただければイメージしやすいだろう。

また新しい担当者が、これまでの交渉がこじれていった過程に、手を染めていないことも重要なポイントだ。当然相手との感情的な対立もないし、相手のほうは逆に、新担当者をきっかけとした交渉の進展を望んでいることもありうる。これも、交渉においては、とても有利なことだ。

交渉の仕切り直しにより、さまざまな新たなバリエーションで以後の交渉に臨んでいくことも可能になる。

たとえば、サラリーマンの場合、部下の担当していた交渉ごとを上司が引き継ぐとき。ここまで進展しなかったことをいきなり詫びるのも手だ。ここでは、交渉の本題ではないので、交渉の序盤から詫びてしまっても問題ない。また、相手方の前で、同席させた前任者の部下を叱責する、といった演出も効果的な手だ。もちろん、相手方の目を意識したパフォーマンスである。

勤め人の経験がない私が言うのもなんだが、会社組織の上司は部下をかばうことがすべてと思ってはいないか。

部下の信頼を得るためかどうかは知らないが、こと交渉を進めていくという点にかぎって考えれば、重石以外のなにものでもない。

交渉によって問題を解決することは、部下にとっても、上司にとっても、会社にとっても利益になる。未解決のままでは、部下にマイナス評価がついたまま。信頼関係の維持に心をくだいている場合ではない。

交渉の進展に少しでも役立つのであれば、たとえ演技であっても、部下を叱責する。事前に打ち合わせをしてもいいし、リハーサルを行なってもいいだろう。

◎初対面で相手の交渉力を見抜く術

こちらの不満をまず聞いてくる相手には要注意。必ず聞き返し、要求は相手から出させる

交渉のスタート、つまり相手との初対面から、これは手ごわいなと感じる人もいる。それは、ここまで説明してきた私の交渉術と同様のことを逆に仕掛けてくる相手方に当たったときだ。

対面して自己紹介するやいなや、相手方から、

「お忙しいなか、お時間をとっていただいてありがとうございます」

「いえいえ、こちらこそ」

「で、今回、何かご不満はありますか？」

などと切り出される。こういうファーストコンタクトをとってくる人間は、交渉とはどういうものか経験を通じてよく知っていると思って間違いない。

そもそも交渉の席で真っ当なあいさつをしてくる人が珍しい。交渉のファーストコンタクトとは紛争解決のための話し合いのとっかかりである。そんな余裕はなく、すぐにでも

要件に入ろうとするほうが普通だと思う。初手からあいさつされたら、警戒すべきだ。

ファーストコンタクトでは、相手方が感情的になっていれば、なんだかんだ言いながらも、最終的にこちらでコントロールすることが可能だ。むしろ冷静にこられるほうがやりにくい。

こういう場合、素直に相手方に不満を告げてしまってはアウト。逆にこちらから相手方に不満を聞き返すのがセオリーだ。まずは相手方に言わせる。だが、それでも「そちらから」という返事が返ってくるようだと、いよいよ相手方が強者ということになる。

相手方が強ければ強いほど、ファーストコンタクトで精神的な弱さを見せてはいけない。別に虚勢を張る必要はないが、弱さを見せると、相手方につけ込まれるおそれがある。いったん相手方のペースにはまってしまったら、形勢を逆転するのは至難の業だ。

◎交渉の切り札の効き目は衝撃度で決まる

法的な手続きや人脈は交渉の切り札になり得る。だが、使わずに済めばそれがベストだ

交渉には切り札がつきものだ。お互いの主張と譲歩ががっちりかみ合って、スムーズに

決着するようなケースばかりならなんの問題もない。だが、そうはならないことのほうが圧倒的に多い。

そこで切り札である。代表的なのが〝法的な手続きに訴える〟だが、さすがに切り札だけあって、これはそう乱発できない。交渉担当者の一存で決められることではないし、時間もコストもかかる。いったん法廷でことを構えれば、その後の相手方との間には決定的に溝ができる。この点も考慮が必要だろう。

・お互いにどうしても譲れず、交渉が決裂
・相手方の要求が、あまりにも法外
・相手方が明確に違法行為を行なっている

こういった理由がないかぎりは、法的手続きという伝家の宝刀は抜かないことだ。

では、比較的使いやすくて効果のある切り札にはどのようなものがあるか。相手方が許認可業の場合、監督官庁に働きかけるという手がある。

たとえば、銀行。かつては旧大蔵省の指導のもと、護送船団方式と言われた業界だ。現在では金融庁が業界の動向に目を光らせている。対銀行でトラブルがあったときは、金融庁苦情に出る。実際に金融庁が動くかどうかはさておき、監督官庁にクレームが出されるだけで銀行関係者は非常に嫌がる。

本店苦情も同様に効果的だ。支店とのトラブルを頭越しに本店に持ちかける。本店至上主義の組織の弱みを突く戦術である。

あるいは人脈を使うという方法もある。相手方の交渉担当者の出身地や経歴などを調べ、説得してくれそうなキーパーソンを探す。自分の会社の役員が、相手方の担当者の大学のゼミの先輩だった――こんな幸運にぶつかればしめたもの。

相手方の説得は必ずしも自分でする必要はない。相手方が味方だと思っている、頭の上がらない人間にしてもらうほうがはるかにスピーディーで効果的だ。〝監督官庁〟〝本店〟〝大学の先輩〟などはこれに当たる。

理想を言えば、切り札は意外であればあるほどいい。相手に与える衝撃度で効果は決まる。頭も足もフルに使って、相手方にイエスと言わせられるような切り札を用意することだ。これもタフネゴシエーターのスキルだ。

切り札を用意しておくことは重要である。ただし、用意した切り札は必ず使わなければならないというものではない。

使わなくても、相互の主張と譲歩の組み合わせで話がうまくまとまるのであれば、最後まで隠し持っておけばそれでいい。相手方を追い詰めて困らせることが交渉の目的ではないのだ。

◎交渉は一人で行なうもの

交渉担当者が能力を最大限に発揮するのは、一人という極限状態に追い込まれたとき

交渉は、基本的には一人で行なうものだと私は考えている。

確かに一人で交渉の席におもむくことにはリスキーな面がある。すべて担当者一人で引き受けなければならないからだ。

たとえば、相手方の発言の証拠をはっきりとした形で残しておきたい場合がある。相棒がいれば、記録に専念させることが可能だ。

こうすれば、相手方の主張したことや譲歩したことを克明に記録しておける。あとで発言内容が問題になったときでも、記録をもとに相手方の言い分を退けることができる。だが、一人ではそこまでの記録を残すことは難しい。

それでもなお一人での交渉をすすめるのはなぜか。

それは、交渉担当者の能力を最大限に発揮するには、一人という状況に追い込まれるのがいちばんいいからだ。

交渉担当者には全権を与えたほうがいいことは、すでに触れた。一人という状況でこそ、全権委任の意味が生きてくる。

これがなまじ隣に人がいると、つい頼ることがある。肝心な局面にきて、相手の提示に対して、隣の上司や同僚とコソコソ話しているようでは、こちらの弱みや痛いところをさらけ出している以外のなにものでもない。

たったこれだけのことで交渉の風向きが変わることもある。相棒を頼りにできるという安心感が、油断になることもよくあることだ。

あるジャーナリストのテレビ番組での発言が問題になり、そのジャーナリストが政治団体の関係者に釈明を求められた。

このとき、ジャーナリストは相手方の指定した会見場所に身一つで出向いたという。このことが結果的に相手方の心証をよくし、話し合いは決着に向かったそうだ。

あえて、多勢に無勢を選択する。これが交渉担当者の一挙手一投足に迫力を生むことがある。

そんな意味からも、交渉は一人で行なうほうがいいと私は考えている。

◎厳しくみえる交渉でも、視点を変えれば突破口がみえてくる

絶対的に不利な交渉案件はない。一〇〇対〇を八〇対二〇にできれば成功のうち

真の意味で実力のある交渉代理人は、内容のよしあしで依頼を断るようなまねは絶対にしない。これは筋が悪い、妥協の余地はない、という紛争であっても、なんとか依頼人の利益になるようにもっていくのがプロである。

代理人に依頼しない一般の交渉にもこれは当てはまる。ある交渉の担当者になった以上、どれだけ不利な状況であってもなんとか有利な条件を引き出すべく努力すべきだ。

筋のよしあしで仕事を選んでいる代理人には、やがて依頼する人がいなくなってしまうことだろう。交渉担当者も相手方の強さや事案の困難さを言い訳にしているうちはアマチュアである。

一見、絶対的に不利に思われる状況のときこそ、相手方の本当の要求を見失っている場合が多い。

たとえば、こちら側の見通しとしては、五〇万円の支払いで決着したい案件で、相手方が倍の一〇〇万円の支払いを要求してきたとしよう。

確かに金額的には厳しい。だが、相手方の言い分をよくよく聞いてみると、実は金額がメインテーマではないということが往々にしてある。相手方が本当に望んでいるのは、

・年内の紛争解決
・継続的な取引の維持
・業界内での面子

といったことである場合だ。それがつかめれば、交渉の余地は十分にあるということになる。

交渉のスタート時点でパッと出された数字にはとらわれすぎないことである。相手方の話をきちんと聞き出し、真の要求を探り当てればなんとかなることも多い。

そのためには、相手方の言い分をできるだけ気分よく語ってもらうように仕向けることが大事だ。相手方のごちゃごちゃした話を自分の言葉に置き換え、主張と譲歩可能なものの二者択一で振り分けていく。この整理の作業で交渉の行方が次第にみえてくる。

互いの主張の隔たりにばかり目を奪われず、相手の本当の望みがなんなのか、もう一度

考えてみる必要がある。どんなに厳しそうにみえる交渉でも、視点を変え、交渉の全体像に目を向ければ、その打開策もみえてくるはずだ。

◎攻撃と防御のバランスをとって攻める

相手方は紛争を一緒にまとめていくパートナーでもある。ときには持ち上げることも

ラグビーをやっていた経験が交渉に生きることがある。たとえば、〝間〟の取り方。攻めるばかりではなくて、ディフェンスということも考えなくてはならない。ずっと攻めてばかりいては足下をすくわれてしまう。攻めにおいても、防御を意識することが必要だ。

少々前の話になるが、社民党の辻元清美議員が失脚した最大の原因もそこにあると思う。彼女はおそらく攻撃のことしか考えていなかったのだ。

鈴木宗男議員を疑惑の総合商社と言い切ったまではよかったが、逆に自分が攻められたときのことなど一切考えていない。だから、いけるところまでいってしまい、攻められたときに防御が効かないで辞職せざるを得なくなった。

交渉においては〝攻めすぎ〟ということも考えなければならない。チャンスのときには

攻めていくのだが、これ以上いったら返り討ちにあうなというところでは引く。

むしろ、相手方を快調に攻めているときのほうが危ないのかもしれない。相手を追い込んだら、いったん間をおくとよい。

「実は、この間大失敗しましてね」

というふうに、今かかわっている問題とは関係のない話を振ってみたり、

「そうは言っても、お宅様のおっしゃることも確かによくわかるんですよ」

と相手を認めてみたりする。

どちらも、自分をおとしめたり、相手を高めたりしている。相手を追い込みすぎないための配慮である。必要以上に相手を追い込んでしまうと、ともに問題解決に当たろうという意欲が失せてしまうことがある。具体的には、相手方が感情的になって話を聞かなくなる、こちらの主張について揚げ足ばかりとる、やたら意固地になる、交渉の場に出てこなくなるなどだ。

相手方は敵であると同時に、紛争を一緒にまとめていくパートナーでもあるのだ。うまく泳がせる必要がある。

〝攻めて、攻めて、攻めて〟というやり方ではいたずらに相手方を萎縮させるだけだ。攻

撃と防御のバランスは常に頭の片隅に置いておいたほうがいいだろう。

◎飲み食いしながら交渉はできない

交渉には自分を偽り、ある役柄を演じる面がある。酒食の席は素になりやすいので不向き

基本的にごはんを食べながら、お酒を飲みながらの交渉はしない。非常にゆるい内容の事案ならば、あるいはそういう雰囲気のなかでということもあるかもしれない。だが、対等でシビアな関係にある者同士の交渉ではまず考えられない。

たとえば、飲みに行ったとする。どちらが先にお酒をつぐのか、あるいはまったくつがないのか。

こういうレベルから迷ってしまう。お互いのポジショニングという点から考えれば、こういう細かい点が実は重要なのだ。

すでに述べたように、私は交渉中には相手方との信頼づくりに重きを置いていない。信頼と不信の間のギリギリの線で十分という考え方だ。酒食をともにというのは、信頼関係の醸成を重視する交渉を多くされる方々にみられる特徴なのかもしれない。しかし、私は

おすすめできない。

純粋に技術論から言っても、飲み食いしながらの交渉にはマイナスがある。交渉において話のリズムやタイミングは実に大事なものだ。

口に食べ物が入っていたりすると、それがしばしば損なわれる。交渉はライブなので、一度そういうことがあると取り返しがつかない。

これは私の考え方だが、ものを食べる姿は最大に間抜けではないか。睡眠欲・性欲と並んで、本能に従って突き動かされている人間の姿はどこか鈍くさく見える。

すべての交渉が終わって、敵味方の関係ではなくなったところで一席設けるというのはわかる。そういうお誘いならば、私も出向くのにやぶさかではない。

だが、特に厳しい交渉の場合は、その相手方との会食は厳に慎むべきだ。酔ってくると意識していなくても、どこか生身のだらしない部分が顔をのぞかせることがある。交渉の席でこれはまずい。

交渉には自分を偽る、ある役柄を演じるという考え方が必要だからだ。素の自分をさらすことは損失でしかない。

◎多種多様な人との接触が交渉能力アップのカギ

交渉力アップのカギは多様な人との出会い。新しい人との出会いで、自分を印象づける

交渉の最後の段階。お互いの条件をすり合わせ、こちらの主張と相手方の譲歩、相手方の主張とこちらの譲歩を組み合わせていく。お互いに相手の弱い部分を見つけてそこにつけ込み、譲歩を引き出す。この応酬になる。

こちらの要求を通すためには、仮装のメリット、譲歩を作り出して、相手方に引いてもらうことが交渉のメインだ。だが、どうしても相手方が引かないこともある。向こうが譲らない要求に関しては、最終的には弱みにつけ込んで、引き下ろさせることになる。交渉力とは、結局は、相手方の弱みを見つける力だと言える。

そういう場合に、相手方の弱みがなんなのかを探るうえでは、人との接触の経験がポイントになる。できるだけ多様な人と、数多く接した経験があればあるほど、人の弱みはよく見えてくるものだ。

生身の人間を相手に生きた交渉をするには、机の上だけで得た知識以外に必要なものが

非常に多い。そして交渉においては〝だれとでも話せる〟力が大変重要だ。この力は多くの人と接することでしか養えない。

純粋培養されたエリートは、タフネゴシエーターにはなりにくい。自分と非常によく似た人間しかいない環境で育った彼らには、異質な環境で育った人との会話は苦痛なだけだ。進学校から有名企業へのお決まりのコースでは、異業種・異職種の人と利害関係をうまく調整する方法は学べない。

だが、現実の交渉相手のなかには、自分と異質な背景をもった人がたくさんいる。むしろよく似た人のほうが少ない。そんな人ともめごとをうまくまとめていくことが本当の交渉なのである。

たとえば、あなたは今、初めて会ったばかりの人と楽しくエロ話をすることができるだろうか。卑近な例ではあるが、これは交渉担当者の能力の一端をはかるうえでの一つの重要なバロメーターだと言える。

交渉上手と呼ばれるためには、いかなる層の、どんな育ち方をした人と会ったとしても、一応の話ができる必要がある。

これは、私の個人的体験を通じての感想だが、思春期を迎える幼少期・少年時代の過ごし方が大事だと思う。

大阪という街で、暴走族やヤクザ、右翼と入り交じって生活をした体験は、私にとって何にも増して重要なものと言える。

交渉力を高めていくうえでは、多種多様な人と接することが大事だ。では、具体的にはどのように動いていけば能力を上げていけるのだろうか。

一言で言えば、他人以上友達未満の距離感を保てる〝顔見知り〟を作ること。だが、社会人になると、学生時代のように人と出会うのはなかなか難しくなってくる。

新しい出会いは仕事を通したものが中心になる。仕事上の人間関係にはどうしても利害が絡んでくる。仕事以外で、人と出会うチャンスはなかなかない。この制約は大きい。

たまたまよほど趣味の合う人だったというようなケースを除けば、一度出会った人と、その後も複数回会うということはまれである。

そう考えれば、仕事であれプライベートであれ、初対面の人と過ごす時間は非常に貴重なものだということがわかるだろう。交渉力アップのための人との接し方のヒントはここにある。

とはいっても、ごく普通の〝異業種交流〟にはあまり価値があるとは思えない。

なかには名刺を何百枚も交換することに意義を見いだしている人もいるようだ。だが、名刺を見てすぐに本人の顔が頭に浮かぶくらいでなければ、ただの紙切れではないだろうか。

多様な人と交流をはかっていくためには、初対面の人とかぎられた時間のなかでいかにうまく強い印象を根づかせられるかに力点を置くべきだ。

つき合いを持続させるという点には、あまり力を割く必要はない。それよりも、初めて出会ったときの印象をより深いものにする工夫をする。

たとえば、私は基本的に年賀状を出さない。初めにきちんとした関係ができていれば、途中で形式張った連絡を取り合わなくてもいいと思うからだ。

いざまた何か問題が生じたときに、コンタクトがはかれるような関係を初対面でつくっておけばいいだけのことだ。

関係を持続させるために、あえて表面的な儀礼上の連絡を取る必要はない。そういうひまがあるのであれば、新しい別の人と出会うほうが有意義だろう。

打算的だととられる人がいるかもしれない。だが、出会った人全員と一生つき合うことは不可能。そう考えれば、次善の策としては十分だと思う。

一度会った人には、できるだけ自分の人となりを見てもらえるように話をする。次に五年後、十年後にでも、何か困ったときには連絡をもらえるような形で接触することを心がける。出し惜しみせず、自分をさらして、相手に印象づけるということだ。

何よりも重要なのは、数多くの人と接したいという強い気持ちを持つことだろう。人に対する好奇心が強くなくては、とても出会いの場などもてない。

どんなベテランの交渉人にとっても人との出会いは、勉強になるものだ。必ず教えられることがある。

◎交渉のラストシーンは握手で締める

敵味方がなくなるほど完全な解決が交渉の理想。相手と握手ができる間柄を目指す

交渉担当者が最大の喜びを感じるのは、最終的に交渉が成立したとき。つまり、紛争を解決できたときだ。これに尽きる。

あれだけ言い合っていた、お互いに主張が食い違っていたこちらと相手方が、一つの形でまとまってもめごとが解決する。

この瞬間のために、交渉の担当者たちは汗をかいているのだ。相手方が無理難題を言ってきていた事案であればあるほどその喜びは大きい。

「相手方をうまく言いくるめた」

という勝者の感慨がある場合もある。だが、それは大きな喜びではない。私の経験から言えば、双方が互いに「言いくるめた」と思っているようなケースが一番ハッピーだと思う。

紛争の当事者同士は、紛争があるから敵味方になっている。紛争がなければ、敵味方ではない。

紛争を解決したにも関わらず、敵味方の状態が続いているということは、解決が不完全なものだということだ。しこりが残っていることにほかならない。

「金額の部分では解決がついたけど、感情の部分では納得できない」

といった場合は完全な解決とは言えない。

しかし、私は交渉をやっていくうえで、敵味方が完全になくなるほど、紛争自体を一〇〇パーセント解決したいといつも考えている。

確かに、現実には多くは一部解決だ。裁判まで行っても、両者が納得した形で解決には至らない事案もある。それでも理想はもっていたい。

私は交渉のラストには相手方と握手を交わすことにしている。握手ができる間柄になったということは完全な解決に至ったということを意味している。それをできるかぎり目指したい。

交渉に当たる人間なら、だれしもそんなスピリットを胸に抱いていてほしいと切に願うものだ。

おわりに

私たちの業界には、〝三割司法〟という言葉がある。これは日本全国で起きている紛争の解決に、司法が関わっているものは三割しかないという意味だ。残り七割の紛争は、〝事件屋〟や〝示談屋〟といった人たちが介入することで片づけられている場合が多い。

彼らは、紛争解決をウラ稼業とする交渉のプロたちだ。一般にはコンサルティング業などに携わっていることが多いが、なかには、そういったオモテの仕事すらない人もいる。受け取った名刺を見ても、肩書きがなく、名前しか刷られていないことはよくあることだ。

こういった事件屋たちの強みは、さまざまなキーパーソンたちとつながっているネットワーク力だ。キーパーソンとは、町内会長や地域の有力者、業界の顔役的な人たちなどのことだ。このような人たちに、一般の人たちが紛争解決の相談に行くと、

「それなら、あいつを紹介してやるよ」

ということで、事件屋へ話が持ち込まれるのである。

一級の事件屋のなかには、そこらの弁護士ではとても太刀打ちできないほどの交渉能力

を身につけている者もいる。ただし、優秀な事件屋の割合は、全体からすると一割か二割程度。八～九割は引っかかるとまずい、質の悪い仕事しかできない人たちだ。

しかし、事件屋が絶えてなくなることはない。もめごとで困っている人の側に、事件屋の解決能力に頼ろうとするはっきりとしたニーズがあるからだ。

解決後に事件屋がごっそりと報酬をもっていくことがあるかもしれない。素人さんは食いつぶされて終わるおそれもある。それでも彼らが闊歩しているのは、弁護士の力不足ということだ。

第一に、司法関係者の人数が少なすぎる。二〇〇三年二月現在、日本に弁護士は一万九五三七人いる。だが、まだまだ足りないと思う。

そのうえ、当事者間の交渉を得意とする弁護士は意外なほど少ない。私はこの現状に大いに不満を抱いている者の一人だ。

交渉によって紛争を解決することの利点をもっと多くの人に知ってほしいと、私は常々考えている。時間やコスト、労力の面から考えれば、法廷での解決より、交渉による解決のほうが優れている点は数多くある。紛争当事者が望んでいるのであれば、法廷闘争のみに終始するのではなく、当事者間交渉による紛争解決にも、弁護士が積極的に関わっていく必要性があると私は考えている。

司法制度改革により、今後、弁護士は増員されることになっており、日常的なトラブルの解決にも司法が関わるケースが増えていくことだろう。つまり、私も含め弁護士の力量というものが、より厳しく問われる時代になっていくのだ。

判例を引っ張ってくる、法解釈能力を駆使するといった、法廷での仕事も弁護士にとってはとても重要なものだ。しかし今後は、そればかりではなく、生身の人間を相手とした紛争解決能力もより必要とされることだろう。

そんな意味からも私は、今後も法廷という狭い世界に閉じこもることなく、人々の紛争のなかで自身の交渉能力を磨いていければと考えている。

弁護士　橋下　徹

橋下 徹（はしもと・とおる）
1969年生まれ。94年早稲田大学政治経済学部卒業。同年司法試験合格。97年弁護士登録、98年に橋下綜合法律事務所を開設。高度な交渉能力を要する示談交渉の場で、“タフネゴシエーター”ぶりを発揮し活躍している実力派弁護士。大阪府立北野高校時代には、高校ラグビー全国大会（花園）に出場、ベスト16入りし、高校日本代表候補にも選ばれる。日本テレビ系列『行列のできる法律相談所』、テレビ朝日系列『スーパーモーニング』などのテレビや、雑誌などでもその歯に衣着せぬ独特のコメントで存在感を発揮。2008年、大阪府知事選で初当選。

最後に思わずYESと言わせる
最強の交渉術

平成15年6月25日 第1刷発行
平成20年2月20日 第8刷発行

著 者
橋下 徹

発行者
西沢宗治

印刷所
長苗印刷株式会社

製本所
小泉製本株式会社

発行所
株式会社日本文芸社
〒101-8407 東京都千代田区神田神保町1-7
TEL.03-3294-8931［営業］、03-3294-8920［編集］
振替口座 00180-1-73081

*

落丁・乱丁本はおとりかえいたします。

Printed in Japan ISBN978-4-537-25150-0
112030623-112080213Ⓝ08
DTP 株式会社キャップス
URL http://www.nihonbungeisha.co.jp
編集担当・金田一